D1640198

Joshua Harris

Die Pharisäerfalle

An der Wahrheit festhalten, ohne zu verletzen

Joshua Harris

Die Pharisäerfalle

An der Wahrheit festhalten,
ohne zu verletzen

Joshua Harris
Die Pharisäerfalle
An der Wahrheit festhalten, ohne zu verlezten

ISBN 978-3-86353-121-8

Titel des amerikanischen Originals:
Humble Orthodoxy

Originally published in English under the title:
Humble Orthodoxy by Joshua Harris with Eric Stanford
Copyright © 2013 by Joshua Harris
Published by Multnomah Books
an imprint of The Crown Publishing Group
a division of Random House LLC
12265 Oracle Boulevard, Suite 200
Colorado Springs, Colorado 80921 USA
Content in this book is drawn from and is an expansion of the chapter
"Humble Orthodoxy" in Dug Down Deep,
copyright © 2010 by Joshua Harris,
published by Multnomah Books

International rights contracted through:
Gospel Literature International
P.O. Box 4060, Ontario, California 91761-1003 USA

This translation published by arrangement with
Multnomah Books, an imprint of The Crown Publishing Group,
a division of Random House LLC

Soweit nicht anders vermerkt, wurde die folgende Bibelübersetzung
verwendet:
Revidierte Elberfelder Bibel © 1985/1991/2008 SCM R.Brockhaus
im SCM-Verlag GmbH & Co. KG, Witten

1. Auflage
© 2015 Christliche Verlagsgesellschaft Dillenburg
www.cv-dillenburg.de
Übersetzung: Ulrike Wilhelm
Satz: Christliche Verlagsgesellschaft Dillenburg
Umschlaggestaltung: Yellow Tree, www.yellowtree.de
Umschlagmotive © Thomas Lambert, Yellow Tree, www.yellowtree.de
Druck: GGP Media GmbH, Pößneck
Printed in Germany

Inhalt

Vorwort 7

1 Ihr Verhalten ist wichtig 10

2 Mit einem weinenden Auge 24

3 Reue beginnt bei mir 36

4 Gottes Anerkennung suchen 49

Arbeitsmaterial 64

Vorwort

Als Nachfolger Jesu *wollen* wir wie unser Herr sein. Und vielleicht *glauben* wir sogar, dass wir es sind. Leider ähneln wir jedoch allzu oft der Gruppe, vor der Jesus häufig warnte: den Pharisäern. Und leider ist der Weg in das Pharisäertum ein leichter.

Zur Zeit Jesu waren die Pharisäer keine böse Sekte, sondern eine orthodoxe Gruppierung mit der richtigen Glaubenslehre und der richtigen Begeisterung für den Glauben ihrer Väter. Sie waren Männer, die man heutzutage zu Konferenzen einladen würde und deren Bücher heute ganz oben auf den Bestsellerlisten rangieren würden. Dennoch erkannten sie den Sohn Gottes nicht, als er vor ihnen stand, und halfen sogar dabei, ihn zu kreuzigen.

Der Heilige Geist hat uns im Neuen Testament keine allzu detaillierten Informationen über die Pharisäer überliefert; gerade genug, um Kenntnis über diese Gruppe zu haben, die im ersten Jahrhundert existierte. Pharisäertum ist ein giftiges Unkraut, das in jedem Garten einer orthodoxen Religion wächst, und es ist heute für den Glauben genauso gefährlich wie damals.

Pharisäertum hat nicht so sehr damit zu tun, dass wir uns an bestimmten Lehren ausrichten, als vielmehr damit, *wie* wir es tun. Wie Joshua Harris in diesem Buch zeigt, ist die richtige Lehre lebensnotwendig, aber die Art und Weise, wie wir dieser Lehre folgen, ist ebenfalls von Bedeutung. Durch Menschen, die mit dem Geist Satans an der Wahrheit Christi festhalten, entsteht ein großer Schaden. Ihr Wissen wird zu einem Werkzeug, mit dessen Hilfe sie sich selbst aufblähen. Dies wiederum erzeugt Stolz, der nicht zum wahren Leben führt, sondern in das „Gericht des Teufels" (1. Timotheus 3,6).

Aus diesem Grund gibt es nur wenige Bücher, die ich in dieser Zeit für so wichtig erachte wie dieses. Mit diesem hilfreichen und verständlichen Beitrag zeigt uns Josh die Wahrheit des Evangeliums, und er tut dies mit einer Großherzigkeit, die nur das Evangelium hervorbringen kann.

Ich schätze Josh Harris als Autor, aber auch als meinen Freund. Er strahlt Liebe und Demut aus – nicht nur gegenüber Jesus, sondern auch gegenüber der Gemeinde. Sein Engagement für die Bibel fordert mich heraus und inspiriert mich. Seine Liebe für Jesus und für sein Volk macht mich demütig.

Die Wahrheiten in diesem Buch führen mich in die Anbetung und dann zur Buße. Ich glaube, dass Sie die gleiche Erfahrung machen werden. Daher bitte ich Sie, dieses Buch zu studieren, und zwar nicht wie ein Bibelschüler, der die Glaubenslehre studiert, sondern so, als würden Sie einen Sonnenuntergang beobachten, der sie sprachlos macht.

Sie werden beim Lesen das Buch immer wieder beiseite legen und die Augen nach oben richten wollen. Vielleicht werden Sie auch das Bedürfnis haben, einen Entschuldigungsbrief zu schreiben. Folgen Sie diesen Impulsen. Dies ist Glaube, der auf Liebe gründet, und genau das ist das Ziel des Evangeliums.

J. D. GREEAR, SENIOR PASTOR DER SUMMIT CHURCH,
DURHAM, NORTH CAROLINA

Halte fest das Vorbild der gesunden Worte, die du von mir gehört hast, in Glauben und Liebe, die in Christus Jesus sind. Bewahre das schöne anvertraute Gut durch den Heiligen Geist, der in uns wohnt.

2. TIMOTHEUS 1,13–14

Aber die törichten und ungereimten Streitfragen weise ab, da du weißt, dass sie Streitigkeiten erzeugen! Ein Knecht des Herrn aber soll nicht streiten, sondern gegen alle milde sein, lehrfähig, duldsam, und die Widersacher in Sanftmut zurechtweisen und hoffen, ob ihnen Gott nicht etwa Buße gebe zur Erkenntnis der Wahrheit.

2. TIMOTHEUS 2,23–25

1 Ihr Verhalten ist wichtig

Vor einigen Jahren besuchte ich einen alten Freund in Seattle, der ein Buch über seine persönlichen Gedanken und Erfahrungen mit dem christlichen Glauben geschrieben hatte. Er erzählte mir von den E-Mails, die er von Lesern bekommen hatte. Die schärfsten dieser Rückmeldungen hatte er von solchen Personen erhalten, die von sich behaupteten, dass ihnen die Glaubenslehre am Herzen läge. In ihren Mails machten sie ihn auf die theologischen Fehler und Ungereimtheiten in seinem Buch aufmerksam, und das in einem sehr giftigen Ton.

Mein Freund ist weder Pastor noch Bibelgelehrter. Er ist ein Poet und Geschichtenerzähler. Und genau das macht auch den Reiz seiner Texte aus. Es gibt tatsächlich einige Fehler in seinem Buch, und das weiß mein Freund auch. Aber ich merkte, wie schwer es ihm fiel, zuzugeben, dass er ein Problem mit der Orthodoxie haben könnte, weil die Kritik von Menschen kam, deren Worte und Verhalten so bösartig waren.

Orthodoxie bedeutet so viel wie „Rechtgläubigkeit". Es ist die Lehre der bewährten, erwiesenen und geschätzten Wahrheiten des Glaubens. Es handelt sich um unumstößliche biblische Wahrheiten, die uns in unserer verdrehten Welt Orientierung geben. Diese Wahrheiten werden im Wort Gottes deutlich genannt und wir finden sie bekräftigt im historischen Glaubensbekenntnis des christlichen Glaubens:

» Es gibt nur einen Gott, den Schöpfer aller Dinge.
» Gott ist dreieinig: Vater, Sohn und Heiliger Geist.
» Die Bibel ist Gottes unfehlbares Wort an die Menschen.
» Jesus wurde von einer Jungfrau geboren und er ist der ewige Sohn Gottes.
» Jesus starb als Stellvertreter für die Sünder, damit sie Vergebung erlangen.
» Jesus ist von den Toten auferstanden.
» Jesus wird eines Tages wiederkommen, um die Welt zu richten.

Orthodoxe Glaubensgrundsätze wurden von Anfang an von echten Nachfolgern Jesu anerkannt und über die Jahrhunderte hinweg weitergegeben. Nimmt man eine Aussage weg, bleibt einem weniger als der historische christliche Glaube.

Ein Problem der Rechtgläubigkeit ist jedoch, dass sie oft herangezogen wird, um andere zurechtzuweisen. Deshalb ist sie nicht besonders beliebt – in etwa so wie ein älterer Bruder, der ständig hinter der nächsten Ecke lauert und hofft, einen dabei zu erwischen, wie man etwas Verkehrtes macht.

Orthodoxe Wahrheiten sind unumstößliche biblische Wahrheiten, die uns in unserer verdrehten Welt Orientierung geben.

Aus genau diesem Grund glaube ich, dass Christen jeder Generation versucht sind, der Rechtgläubigkeit den Rücken zu kehren. Auch wenn wir wissen, dass etwas wahr und richtig ist, wollen wir uns nicht von anderen vorschreiben lassen, was wir glauben sollen. Aber nicht nur unser Stolz spielt eine wesentliche Rolle. Die Versuchung, sich der Rechtgläubigkeit zu widersetzen, verstärkt sich, wenn deren Vertreter unsympathisch und gemein sind.

Ich kann es nicht anders beschreiben: Es scheint, als seien viele Leute, denen Rechtgläubigkeit am Herzen liegt, gelinde gesagt unangenehme Personen.

Aber warum? Muss eine gute Lehre unweigerlich dazu führen, dass man streitsüchtig, beleidigend und arrogant wird?

Demütige Rechtgläubigkeit

Nach der Meinung meines Freundes Eric brauchen Christen heutzutage eine *demütige Rechtgläubigkeit.* Mir gefällt dieser Ausdruck. Christen sollten sich für eine gesunde Lehre und für biblische Wahrheiten mutig einsetzen. Aber wir müssen anderen Menschen auch barmherzig und freundlich gegenübertreten.

Unabhängig von unserem theologischen Wissen müssen wir uns alle die wichtige Frage stellen: Was fangen wir mit unserem Wissen über Gott an?

Lässt es unsere Sehnsucht, Gott besser kennenzulernen und ihn zu lieben, wachsen? Hat es Auswirkungen darauf, wie wir denken und leben? Sind wir mutig genug, an der Wahrheit festzuhalten, auch wenn sie unbeliebt ist? Und wie geben wir unserem Glauben Ausdruck? Mit Demut oder mit Stolz?

Ich möchte nicht wie jene Menschen sein, die meinem Freund in Seattle böse Briefe schrieben. Ich will aber auch nicht wie einige meiner Bekannten sein, die in guter Absicht mit biblischen Wahrheiten unachtsam, ja, fast gleichgültig, umgehen. Sie sorgen bei anderen nicht für ein beklemmendes Gefühl, wenn es um deren Sichtweise in Bezug auf Glaubensfragen geht, was jedoch daran liegt, dass sie selbst keine klaren Standpunkte in Glaubensdingen haben.

Müssen wir uns zwischen Freundlichkeit und der Verpflichtung für biblische Wahrheiten entscheiden? Müssen wir Demut aufgeben, um an unserem tief verwurzelten Glauben festhalten zu können?

Das führt uns zu einer wichtigeren Frage: Was ist Gott wirklich wichtig? Legt Gott eine Rangordnung für Demut und Rechtgläubigkeit fest? Oder hängt das nur von der Persönlichkeit ab – manche Menschen sind nett, anderen ist die biblische Lehre wichtig?

Ich glaube Folgendes: Die biblische Wahrheit ist wichtig, aber unser Verhalten ist es ebenso. Unter demütiger Rechtgläubigkeit verstehe ich Folgendes: Biblische Wahrheiten müssen uns sehr wichtig sein, und diese Wahrheiten müssen wir leidenschaftlich und zugleich demütig verteidigen und bezeugen.

Gott hat seinem Volk durch sein Wort die rettende Botschaft des Evangeliums verkündet, und wir müssen bereit sein, für die Richtigkeit und treue Weitergabe des Evangeliums zu kämpfen. Wir sollten „für den ein für alle Mal den Heiligen überlieferten Glauben" kämpfen (Judas 3). Mit anderen Worten: Rechtgläubigkeit und das richtige Denken über das Wesen Gottes und wie er durch Jesus Christus Menschen rettet, sollten uns wichtig sein. *Rechtgläubigkeit ist wichtig.*

Gleichzeitig sagt uns Gottes Wort: „Du sollst deinen Nächsten lieben wie dich selbst" (Matthäus 22,39). Jesus forderte sogar: „Liebt eure Feinde!" (Matthäus 5,44). Und in 1. Petrus 5,5 heißt es: „Alle aber umkleidet euch mit Demut im Umgang miteinander! Denn ‚Gott widersteht den Hochmütigen, den Demütigen aber gibt er Gnade.'" Das bedeutet: Echte Liebe und eine demütige Gesinnung vor Gott und anderen Menschen sind unerlässlich. *Demut ist wichtig.*

Wir können nicht zwischen Demut und Rechtgläubigkeit wählen. Wir brauchen beides.

Wenn nicht demütige Rechtgläubigkeit, was dann?

Demütige Rechtgläubigkeit – das hört sich schwierig an. Und das ist es auch. Welche Alternativen gibt es jedoch zur demütigen Rechtgläubigkeit?

Mir fallen dazu zwei Möglichkeiten ein, die heutzutage ziemlich beliebt sind:

Zunächst gibt es die selbstgerechte oder hochmütige Rechtgläubigkeit. Auch die rechte christliche Glaubenslehre kann auf unfreundliche und lieblose Art und mit selbstgerechten und boshaften Worten verkündet werden.

Wenn jemand denkt, dass es den geistlichen Hochmut nicht gibt, dann hat er noch nie christliche Blogs gelesen. Es gibt einen Fehler, den Christen immer wieder machen: Sie lernen, wie Jesus zu ermahnen, aber nicht, wie Jesus zu lieben. Manchmal scheint es, als sei fast jeder, dem die christliche Lehre wichtig ist, erbarmungslos und böse. Traurigerweise werden heute in unserer Kultur oft alle Christen, die an ihren klar definierten biblischen Überzeugungen festhalten, für hochmütig und selbstgerecht gehalten.

Eine weitere bekannte Form ist die demütige Irrlehre. Irrlehre ist eine Abweichung von der rechten Glaubenslehre. Ein Mensch, der also demütig und andersgläubig ist, lässt zwar gewisse historische christliche Glaubensüberzeugungen außer Acht, kann aber durchaus eine nette Person sein, mit der man gerne mal einen Kaffee trinken würde.

So eine Person möchte Ungläubige oder andere Kulturen nicht verletzen. Im Namen der Rücksicht, der Freundlichkeit und der Aufgeschlossenheit scheint sie für fast jede Lehre offen zu sein. Mit dieser Haltung werden Konflikte vermieden. Und auf den ersten Blick scheint diese Haltung großzügig, ja, sogar barmherzig zu sein. Aber ist sie auch bibeltreu? In einem Lied von Steve Taylor heißt es: „You're so open-minded that your brain leaked out."[1] (Dem Sinne nach: „Wer für alles offen ist, kann nicht ganz dicht sein.") Manche Christen wollen so demütig erschei-

---

[1] Steve Taylor, *Whatcha Gonna Do When Your Number's Up? The Best We Could Find (+3 That Never Escaped)*, copyright 1988, Sparrow Records

> Es gibt einen Fehler, den Christen immer wieder machen: Sie lernen, wie Jesus zu ermahnen, aber nicht, wie Jesus zu lieben.

nen, dass all ihre Treue zur biblischen Wahrheit verloren geht.

Wenn ich an eine hochmütige Rechtgläubigkeit denke, dann muss ich fragen: Führt eine gute Lehre unweigerlich dazu, dass man streitlustig und arrogant wird?

Und wenn ich über eine demütige Irrlehre nachdenke, dann ist meine Frage: Führen Bescheidenheit, Freundlichkeit und Engagement in unserer Kultur unweigerlich dazu, dass wir unsere Glaubensüberzeugungen verwässern?

Ich denke, die Antwort auf beide Fragen ist: Nein. Wir können – und müssen – uns eine *demütige Rechtgläubigkeit* zu Eigen machen.

Was die beiden Wörter in diesem Begriff bedeuten, verdeutlicht ein Brief an einen Pastor.

Letzter Wille

Er war jung und hatte Angst. Warum war er überhaupt Pastor geworden? Wie konnte er eine Gemeinde leiten, die von Widersachern gespalten wurde? Er wollte mutig sein. Er wollte furchtlos sein. Er betete, dass Gott ihm das schenken möge. Aber er fühlte sich so einsam, so vollkommen allein. Und da kam der Brief. Die Botschaft darin muss ihn einfach umgehauen haben.

Dieser Brief ist uns heute als der 2. Timotheusbrief bekannt. Der junge Pastor war Timotheus. Sein Freund,

Mentor und Vater im Glauben – der Apostel Paulus – schrieb ihm, um sich zu verabschieden. „Denn ich werde schon als Trankopfer gesprengt", schrieb Paulus, „und die Zeit meines Abscheidens steht bevor" (4,6).

Dieses Mal würde man Paulus nicht aus dem Gefängnis entlassen, denn er sollte hingerichtet werden.

Und was war seine letzte Botschaft? Im Hinblick auf die Zukunft der jungen Gemeinde sorgte sich Paulus um die Bewahrung der christlichen Lehre, dass sie im Unrecht waren, er wollte auch keinen Streit gewinnen oder ein paar Menschen für seinen kleinen „Club" gewinnen. Für Paulus bedeutete Rechtgläubigkeit den Unterschied zwischen Leben und Tod, Himmel und Hölle. Ob die Welt die rettende Wahrheit über Jesus Christus kennenlernen würde, hing davon ab, ob die christliche Lehre richtig verkündet wurde oder nicht.

Paulus drängte Timotheus, sich beherzt für die biblischen Wahrheiten über das Leben, Leiden und die körperliche Auferstehung Jesu einzusetzen. Er schrieb: „Halte im Gedächtnis Jesus Christus, auferweckt aus den Toten, aus dem Samen Davids, nach meinem Evangelium" (2,8).

Sie denken vielleicht, dass es völlig unnötig ist, einen Christen an Jesus zu erinnern. Können Christen ihn tatsächlich vergessen? Paulus wusste, dass dies möglich ist. Und noch schlimmer: Er wusste, dass Christen behaupten konnten, sie seien Jesus treu ergeben, während sie aber die wahre Bedeutung seines Lebens und seines Todes aus den Augen verloren hatten.

Die Botschaft des Evangeliums wurde angegriffen. Irrlehrer, die als Christen auftraten, hatten sie geleugnet, verzerrt und verdreht, um selbst Vorteile zu erhalten. Paulus verglich ihre Lehren mit einem Krebsgeschwür – einer Krankheit, die den Menschen innerlich auffrisst und oft nur durch eine Amputation geheilt werden kann (2,17–18). Für Paulus war die Analogie keine Übertreibung. Ein verzerrtes Evangelium zerstört die Seele.

Nach Paulus war das einzige Gegenmittel, das Timotheus blieb, weiterhin die biblischen Glaubenswahrheiten zu lehren, die an ihn weitergegeben wurden: „Halte fest das Vorbild der gesunden Worte, die du von mir gehört hast, in Glauben und Liebe, die in Christus Jesus sind! Bewahre das schöne anvertraute Gut durch den Heiligen Geist, der in uns wohnt!" (1,13–14).

Leute halten Rechtgläubigkeit oft für leblos und einschränkend – ein Leitfaden nach dem Prinzip von *Malen nach Zahlen,* der die Kreativität lähmt. Aber Paulus sah sie als einen Schatz an. Sie war keine Leinwand, um sich selbst darzustellen, sondern ein kostbares Gut von unschätzbarem Wert, das bewacht und beschützt werden musste.

Jetzt hatte Timotheus den Auftrag, die Schönheit dieses Schatzes sichtbar zu machen, sie zu erhalten und unverfälscht an die Nachfolger weiterzugeben. Paulus schrieb: „... und was du von mir in Gegenwart vieler Zeugen gehört hast, das vertraue treuen Menschen an, die tüchtig sein werden, auch andere zu lehren" (2,2).

Der 2. Timotheusbrief erinnert mich daran, dass Bosheit und Lügen traurige Realität sind. Ich wünschte, ich würde in einer Welt leben, in der Glaubensüberzeugungen wie verschiedene Eissorten sind – es gäbe keine falschen

Antworten, nur verschiedene Meinungen. Aber so ist es nun einmal nicht. Wir leben in einer Welt der Wahrheiten und der Lügen. Wir leben in einer Welt, in der Gottes wahre Offenbarung und die sanften Worte der Scharlatane und falschen Propheten um unsere Aufmerksamkeit wetteifern. In einer Welt, in der es Mörder, Völkermord, Menschenhandel und Götzenanbetung gibt. In einer Welt, in der Lehrer und Schriftsteller die Menschen mit der leeren Versprechung speisen, menschliche Errungenschaften und materieller Besitz machten glücklich (3,1–9). Eine Welt voller Sünde, in der der Teufel davon besessen ist, die biblischen Wahrheiten und jene, die daran glauben, zu verdrehen und zu zerstören (1. Petrus 5,8).

Leute halten Rechtgläubigkeit oft für leblos und einschränkend – ein mit Nummern versehener Leitfaden, der die Kreativität lähmt. Aber Paulus sah sie als einen Schatz an.

Die Liebe zu Gott und zum Nächsten verpflichtet uns dazu, der Unwahrheit entgegenzutreten. Es gibt nichts Liebloseres, als im Angesicht der Lügen, die eine andere Person zerstören wollen, zu schweigen. Manchmal verlangt die Liebe von uns, dass wir sagen: „Diese Philosophie, egal, wie plausibel oder beliebt sie auch sein mag, ist nicht wahr. Diese Person, egal, wie sympathisch, begabt oder wohlgesonnen sie auch ist, lehrt etwas, das dem Wort Gottes widerspricht; daher ist es nicht wahr."

Paulus kämpfte für so einen Mut, der aus Liebe bereit ist, für Gottes unveränderliche Wahrheiten einzutreten.

Richtiges Verhalten ist wichtig

Sie und ich, wir müssen für die Wahrheit kämpfen. Aber es gibt eine feine Grenze zwischen „Streiten für die Wahrheit" und „Streitlust". Darum hat der erfahrene Apostel in seiner letzten Unterweisung an Timotheus gesagt, dass Rechtgläubigkeit zwar wichtig ist, allein aber nicht ausreicht.

Die Wahrheit ist wichtig, aber genauso wichtig ist unsere Gesinnung. Wir müssen im Umgang mit anderen Menschen, mit denen wir zusammen leben, sprechen und interagieren, eine demütige Haltung an den Tag legen. Paulus schrieb:

Aber die törichten und ungereimten Streitfragen weise ab, da du weißt, dass sie Streitigkeiten erzeugen! Ein Knecht des Herrn aber soll nicht streiten, sondern gegen alle milde sein, lehrfähig, duldsam, und die Widersacher in Sanftmut zurechtweisen und hoffen, ob ihnen Gott nicht etwa Buße gebe zur Erkenntnis der Wahrheit und sie wieder aus dem Fallstrick des Teufels heraus nüchtern werden, nachdem sie von ihm gefangen worden sind für seinen Willen.

2. TIMOTHEUS 2,23–26

Diese Worte sind erstaunlich, wenn man bedenkt, in welcher Lage Paulus war. Er musste bald sterben. Er sah die Irrlehrer, die die Gemeinde zerstören wollten. Er war betrogen und verlassen worden. Man hätte von ihm folgende Worte erwarten können: „Vernichte alle Ketzer ohne Rücksicht auf Verluste!" Aber das sagte er nicht. Stattdessen sagte er: „Sei kein Narr!"

Sei nicht streitsüchtig. Lass dich nicht von zweitrangigen Problemen ablenken. Sei freundlich. Wenn andere Menschen böse sind, halte es aus und vertraue auf Gott. Wenn du jemanden ermahnen musst, tue es mit Sanftmut.

Selbst als Paulus sich den Irrlehrern – den Feinden der Wahrheit – entgegenstellte, hoffte er, dass seine Ermahnung diese wieder zur Vernunft bringen würde. Vielleicht erinnerte er sich daran, wie er bei der Ermordung von Stephanus dabei gewesen war (Apostelgeschichte 7,54–60). An jenem Tag hätte sich niemand vorstellen können, dass aus dem Zerstörer der Kirche ein Apostel Jesu Christi und Verteidiger der christlichen Gemeinde werden würde. Aber der auferstandene Herr hatte ihn errettet und ihn beauftragt, das Evangelium in der Welt zu verkünden.

Paulus hatte die Gnade des Herrn erfahren. Daher wollte er anderen die gleiche Gnade erweisen, sogar seinen Feinden. Ihm lagen andere Menschen, die mit ihm nicht übereinstimmten, wirklich am Herzen. Selbst als er ihnen scharf entgegentrat, wollte er sie nicht einfach mit Argumenten übertreffen; vielmehr wollte er sie für die Wahrheit gewinnen.

Zu 100 Prozent abhängig von der Gnade

Der 2. Timotheusbrief mit seiner Betonung auf Rechtgläubigkeit und Demut ist heute genauso relevant wie damals. Vielleicht sogar noch mehr.

Wir leben in einer Zeit, in der Gewissheit keine Gültigkeit mehr hat. Wenn Sie sagen: „Ich weiß, dass dies wahr ist, und diese Wahrheit gilt für jeden", dann werden die Leute Sie anschauen und antworten: „Was ist denn mit Ihnen los? Sie sind aber arrogant. Warum wollen Sie mir ihre Anschauung überstülpen? Behalten Sie sie für sich."

Auch wir Christen können dieser Geisteshaltung leicht verfallen. Wir haben aber weder die Freiheit noch von der Bibel her die Erlaubnis, über Dinge unklare Aussagen zu machen, über die Gott klar und deutlich spricht. Wir haben auch nicht den Auftrag, Gottes Wahrheiten so hinzubiegen, dass sie unserem Denken entsprechen. Wir dürfen weder etwas hinzufügen noch etwas weglassen, denn uns wurde gesunde Lehre anvertraut.

Das passt vollkommen zu dem liebevollen Verhalten anderen gegenüber, das Paulus lehrte und Jesus verkörperte. Manche Menschen mögen aufgrund ihrer sündigen Natur vielleicht negativ auf das Evangelium reagieren, aber sie dürfen zu recht von uns Freundlichkeit erwarten. Es gibt keinen Grund, dass wir uns über sie stellen, von oben auf sie herab predigen oder sie verurteilen, als wären wir besser als sie.

> Paulus wollte seine Feinde nicht einfach mit Argumenten übertreffen, sondern er wollte sie für die Wahrheit gewinnen.

Wenn es um Rechtgläubigkeit geht, dann geht es weder um Sie noch um mich. Die Wahrheit ist nicht unsere Wahrheit; sie kommt von Gott. Und die Fähigkeit, mit Liebe und Demut daran festzuhalten, kommt auch von ihm.

Michael Kruger, ein Professor für das Neue Testament, behauptet: „Man kann einen festen Standpunkt haben und gleichzeitig demütig sein."

Wie ist das möglich? Ganz einfach weil Christen glauben, dass sie die Wahrheit verstehen, indem Gott sie ihnen offenbart hat (1. Korinther 1,26–30). Mit anderen Worten: Christen sind demütig, weil ihre Erkenntnis der Wahrheit nicht auf ihre eigene Intelligenz, eigene Forschung oder eigene Klugheit zurückzuführen ist. Die Erkenntnis ist vielmehr zu 100 Prozent von der Gnade Gottes abhängig. Christliches Wissen ist ein abhängiges Wissen. Und das führt zur Demut (1. Korinther 1,31). Das bedeutet nicht, dass alle Christen demütig sind. Aber es bedeutet, dass sie es sein sollten, denn dafür gibt es entsprechende Gründe.[2]

Demütige Rechtgläubigkeit ist nicht leicht. Aber mit Gottes großzügiger Hilfe, durch sein Wort und seinen Geist, *können* Sie und ich – und alle unsere Brüder und Schwestern in Christus – durchaus so leben.

---

[2] Michael J. Kruger, *Christian Humility and the World's Definition of Humility*, Canon Fodder, March 12, 2012, www.michaelkruger.com/christian-humility-and-the-worlds-definition-of-humility/

2

Mit einem weinenden Auge

Jesus erzählte einmal eine Geschichte von zwei Männern, die zum Gebet in den Tempel gingen (Sie können sie in Lukas 18 nachlesen). Er wollte mit der Geschichte Menschen, die an ihre eigene Gerechtigkeit glaubten und andere Menschen verachteten, zum Nachdenken anregen. Auf die Gefahr hin, respektlos zu erscheinen (was mir sehr fern liegt), werde ich mir die Freiheit nehmen, das Gleichnis Jesu nachzuerzählen, um diejenigen unter uns herauszufordern, die an der Richtigkeit unserer Glaubenslehre festhalten und auf Menschen, die andere Ansichten haben, herabschauen.

Zwei Männer gingen in eine Kirche, um zu beten. Der erste Mann war ein einfacher, unwissender Gottesdienstbesucher. Seine Theologie schien eher vage und ungenau zu sein. Große theologische Formulierungen waren ihm fremd. Er schaute sich christliche Filme und Sendungen an und hielt sie für tiefgründig. Er kaufte Bücher im christlichen Buchladen. Er ging in eine von diesen „hippen" Gemeinden, wo die Predigten kurz sind und die Gemeindeleiter wie Pop-Idole aussehen.

Der zweite Mann, der zum Gebet ging, war anders. Er war ein strenggläubiger Christ mit theologischem Tiefgang; zu erkennen war dies an der schweren Studienbibel, die er mit sich trug. Er las nur Bücher von längst verstorbenen Theologen und schaute sich ausschließlich Sendungen an, in denen Prediger mit einem fundierten theologischen Wissen das Wort Gottes verkündeten, die weder Witze machten noch lustige Geschichten erzählten. Er fühlte sich betrogen, wenn eine Predigt weniger als eine Stunde dauerte.

Dieser zweite Mann fing an zu beten. Er sagte: „Gott, ich danke dir, dass ich nicht so bin wie die übrigen Menschen, die geistlich ignorant sind, kein theologisches Wissen haben und mit dem Evangelium oberflächlich umgehen. Ich danke dir, dass du mich so gemacht hast, wie ich bin; dass ich der guten Glaubenslehre treu geblieben, unnachgiebig in der Lehre und im Innersten strenggläubig bin."

Der erste Mann hingegen wagte nicht einmal, nach oben zu schauen, stattdessen schlug er an seine Brust und betete: „Gott, sei mir, dem Sünder, gnädig."

Wenn Sie sich selbst für einen Menschen halten, der die Glaubenslehre ernst nimmt, erkennen Sie sich in dieser Geschichte wieder? Sind Sie eher stolz auf Ihr Wissen, anstatt demütig und dankbar für Gottes Gnade zu sein? Neigen Sie dazu, andere, die weniger Wissen haben, zu verachten oder auf sie herabzuschauen? Ich glaube, Jesus würde unser unangebrachtes Verhalten genauso kritisieren wie damals die selbstgerechten Pharisäer.

Mit den Worten des Liederdichters John Newton sind wir große Sünder, die einen großen Erlöser haben. Uns wurde so viel vergeben, und wir haben keinerlei Grund, auf irgendetwas stolz zu sein. Wie können wir dann heute so moderne Pharisäer sein? Wie kann es sein, dass wir nicht den Wunsch haben, anderen demütig die lebensspendenden Wahrheiten weiterzugeben, die auch unser Leben verändert haben, statt auf sie herabzuschauen?

Empfänger der Gnade

Die Botschaft der christlichen Lehre ist nicht die, dass ich gut bin und ein anderer schlecht. Obwohl ich schlecht bin, ist Gott voller Gnade. Obwohl ich schlecht bin, hat Gott mir vergeben, mich angenommen und mir ewige Liebe geschenkt. Obwohl ich schlecht bin, hat Gott seinen Sohn gesandt, der meine Strafe auf sich nahm und für mich starb. Ich bin schlecht, und dennoch bin ich durch den Glauben an Jesus vor diesem heiligen Gott gerecht gemacht worden.

Das ist das Evangelium. Das ist die Wahrheit, die das Zentrum der christliche Lehre ist. Das ist die Wahrheit, die zu ehren und bewahren jeder Nachfolger Jesu berufen ist, ja, er sollte sogar bereit sein, dafür zu sterben. Es ist die Wahrheit, die allein das Fundament unseres Lebens und unserer ewigen Hoffnung bildet.

Für Paulus war das Evangelium der Mittelpunkt seines Denkens, als er schrieb, man müsse das anvertraute kostbare Gut bewahren und andere freundlich darin unterweisen. Und genauso sollte das Evangelium auch im Mittelpunkt all unseres Tuns stehen. Wir bezeugen die

Wahrheit, weil das Evangelium auf dem Spiel steht. Wir leben nach der Wahrheit, weil das Evangelium uns verändert hat. Und wir vertreten die Wahrheit demütig, weil wir hoffen, dass die gleiche frohe Botschaft, die uns errettet hat, auch andere Menschen retten wird.

Wie können wir uns überhaupt etwas auf eine Wahrheit einbilden, die völlig unabhängig von uns und unserem Tun ist? Wenn wir uns das Evangelium verdient hätten, dann könnten wir uns etwas darauf einbilden. Wenn wir die Wahrheit irgendwie produziert hätten, dann könnten wir es urheberrechtlich schützen und den Zugriff anderer Menschen darauf kontrollieren.

> Die Botschaft der christlichen Lehre ist nicht die, dass ich gut bin und ein anderer schlecht.

Aber die Wahrheit ist ein Geschenk Gottes an uns. Es hat uns nur verändert, weil er uns seine Gnade schenkte. Wie können wir dann nicht auch anderen Menschen gegenüber gnädig sein?

Eine gesunde biblische Lehre ist wesentlich. Ein gottgefälliges Leben ist unbedingt notwendig. Aber das reicht nicht aus. Ohne ein demütiges Herz sind wir wie die Pharisäer – und wir benutzen die Wahrheit wie einen Stock, mit dem wir andere Menschen schlagen. So wird Gott nur entehrt. Wenn wir Gott ehren wollen, muss die Wahrheit demütig verkündet werden – mit Worten, mit unserem Verhalten und mit unserer Geisteshaltung.

Wir sind nicht liebenswürdig, geduldig und freundlich, weil wir Sklaven der allgemeinen Meinung sind. Wir müssen die biblische Wahrheit demütig bezeugen, weil wir Sklaven Christi sind. Wir sind Diener des Einen, der bis zu seinem Tod am Kreuz demütig war. Selbst als seine Feinde seine Hände ans Kreuz nagelten, wehrte er sich nicht.

Wenn wir die Lehre von der Gnade im Evangelium wirklich verstehen, dann laufen wir nicht durch die Gegend und überprüfen, ob andere „zu uns" gehören oder nicht. Wir sagen dann mit Tränen der Dankbarkeit: „Warum hat Gott mich überhaupt erwählt?" Und mit der Liebe zu jenen Menschen, die immer noch verloren sind, sehnen wir uns danach, dass sie das gleiche Wunder der unverdienten Vergebung erhalten.

Unsere Sicht darüber, wer wir durch unseren heiligen Gott sind, ist entscheidend. Diese Erfahrung machte auch der große Heerführer Josua, als er bei einem nächtlichen Kampf eine Begegnung besonderer Art hatte.

Was sagt der Herr?

Josua, der Nachfolger von Mose, hatte mit dem Volk Israel den Jordan überquert, um das Land einzunehmen, das Gott Jahrhunderte zuvor Abraham versprochen hatte. Jetzt stand er vor den Kanaanitern, die sich in dem Land verschanzt hatten und kollektiven Widerstand leisteten. Es war ganz normal, dass Josua Angst hatte. Wahrscheinlich fragte er sich: *Wird Gott uns hier beistehen?*

Da hatte er eine seltsame Begegnung. Er traf einen Mann mit einem Schwert, der sich selbst als „der Oberste des Heeres des HERRN bezeichnete" (Josua 5,14). Diese Erscheinung ist geheimnisvoll. Entweder war es ein Engel des Herrn, oder es war, wie viele glauben, der Herr selbst – Christi Erscheinung vor seiner Menschwerdung.

Bevor Josua wusste, wer dieser bewaffnete Mann war, ging er auf ihn zu und sagte zu ihm: „Gehörst du zu uns oder zu unseren Feinden?" (Vers 13). Eine durchaus verständliche Frage, denn Josua stand kurz davor, im feindlichen Land einen Krieg zu beginnen, und plötzlich stand ihm ein bewaffneter Mann gegenüber. Er musste wissen, ob diese Person ein Feind oder ein Freund war.

Das Problem ist, dass wir Gott oft die gleiche Frage stellen. Wir wollen, dass er uns sagt, dass er auf unserer Seite ist. Wir sagen zwar, dass wir für Rechtgläubigkeit und Bibeltreue kämpfen, aber in Wirklichkeit geht es uns um unsere Identität, um Bestätigung, dass unsere Denkweise die richtige ist, um unsere Ehre, unsere Wahrheit. Und es geht immer weniger darum, wer Gott ist, oder um seine Herrlichkeit und seinen Namen.

Mir gefällt, was dieser Oberste des Heeres des HERRN Josua antwortete. Auf die Frage: „Gehörst du zu uns oder zu unseren Feinden?" erwiderte der himmlische Anführer: „Nein, sondern ich bin der Oberste des Heeres des HERRN; gerade jetzt bin ich gekommen" (Vers 14).

Nein.

Im Grunde genommen sagte er: „Gott ist nicht auf *deiner* Seite. Du solltest viel eher auf *seiner* Seite sein."

Gott braucht keinen von uns. Gott baut seine Gemeinde und sie wird sich durchsetzen. Sein Wort bleibt ewiglich. Er lacht über die Völker. Nichts und niemand kann ihm seine Macht nehmen. Gott ist Gott. Wir sollten besser auf seiner Seite stehen.

Das verstand Josua. Er fiel auf sein Angesicht und lobte Gott. Das ist die Haltung der demütigen Rechtgläubigkeit – vor Gott auf das Angesicht fallen und ihn anbeten. Wir fragen nicht mehr: „Gott, willst du dich nicht auf meine Seite schlagen?", sondern wir sagen: „Gott, hier geht es um dich. Du bist herrlich. Du bist es wert, gelobt zu werden. Ich will mein Leben zu deiner Ehre führen."

Gottes Wahrheit ist nicht zum Aufbau unseres Königreiches da. Die Wahrheit gehört Gott. Sie ist da, um ihn zu verherrlichen und anzubeten. Er ist nicht Teil unseres Plans, sondern wir Teil von seinem Plan. Wir verneigen uns vor ihm.

Die richtige Frage ist also nicht: „Gehörst du zu uns oder zu unseren Feinden?" Wir sollten vielmehr die Frage stellen, die Josua dem Engel als Nächstes stellte: „Was redet mein Herr zu seinem Knecht?" (Vers 14). Und die Antwort, die Josua erhielt, war, dass er Gott mit noch größerer Ehrfurcht loben sollte. Josua befand sich bereits auf seinen Knien, doch der Oberste des Heeres des HERRN befahl ihm, seine Schuhe auszuziehen, um Gott besser ehren und anbeten zu können.

> Er ist nicht Teil unseres Plans, sondern wir sind Teil von seinem Plan. Wir verneigen uns vor ihm.

Das sollte auch immer die treibende Kraft hinter unserem Streben nach biblischer Rechtgläubigkeit sein.

Nicht um anderen beweisen zu können, dass wir Recht haben oder besser sind, sondern um den heiligen Gott, der uns um Christi Willen vergeben und angenommen hat, immer besser ehren und loben zu können.

Das kleine Königreich des menschlichen Egos

Wenn wir also die überwältigende Gnade ohne unser eigenes Zutun erhalten haben, warum haben dann so viele von uns, denen die rechte Glaubenslehre am Herzen liegt, so eine harte und herzlose Art an sich? Warum versuchen so viele bibeltreue Christen, ihr eigenes Königreich aufzubauen, anstatt sich auf die Seite des himmlischen Königs zu stellen und ihn anzubeten? Warum gibt es in der Gemeinde so viel geistlichen Hochmut?

Die Bibel sagt: „Erkenntnis bläht auf, die Liebe aber erbaut" (1. Korinther 8,1). Seit sich der erste Mann und die erste Frau im Garten Eden von Gott abgewendet haben, um die süße, verbotene Frucht der Erkenntnis zu bekommen, die die Schlange ihnen angeboten hatte, wird jedes menschliche Herz von dem Wunsch geplagt, sich Wissen anzueignen, um sich damit selbst aufzublähen, anstatt Gott zu verherrlichen.

In seinem Buch *Warum Gott?* sagt Tim Keller, dass jede Sünde ein Versuch ist, unsere Identität und unser Selbstwertgefühl ohne Gott zu finden. Er schreibt: „Nach der Bibel ist Sünde nicht zuallererst, dass wir Dinge tun, die an sich böse sind, sondern dass wir an sich gute Dinge zu *höchsten Dingen* erheben."[3]

In Bezug auf das vorliegende Thema meint Keller, wenn wir eine gute Sache – wie die korrekte Theologie – zum höchsten Ziel erheben, das heißt, wenn es uns wichtiger ist, Recht zu haben, als Gott anzubeten, dann ist Gott

---

[3]   Timothy Keller, *Warum Gott – Vernünftiger Glaube oder Irrlicht der Menschheit?* (Brunnen Verlag, Gießen, 2010), 197.

> Wenn es uns wichtiger ist, Recht zu haben als Gott anzubeten, dann ist Gott nicht mehr der Mittelpunkt unserer Theologie, sondern wir selbst.

nicht mehr der Mittelpunkt unserer Theologie, sondern wir selbst. Die Theologie wird zur Quelle unseres Selbstwertgefühls und unserer Identität. Und wenn es bei der Theologie um uns geht, dann werden wir jene Menschen verachten und verteufeln, die anders denken als wir.[4]

Unser Wissen über Gott, das nicht dazu führt, ihn mit unseren Worten, in unseren Gedanken und mit unserem Tun zu verherrlichen, führt schnell zur Selbstverherrlichung. Und dann greifen wir jeden an, der das kleine Königreich unseres Egos angreift.

Wenn wir vor Gottes überwältigendem Wesen stehen und unser erster Gedanke ist nicht: *Ich bin klein und unwürdig, den Schöpfer des Universums zu kennen,* ist das eigentlich besorgniserregend. Zu viele haben ihn in ihrem Leben erfahren und denken: *Schau nur, was ich alles erlebt habe. Und dann denk an alle armen Dummen, die das alles noch nicht erlebt haben. Gott, du kannst dich glücklich schätzen, dass ich dich lobe und anbete.*

Pastor Greg Dutcher sagt: „Wir überschreiten die Grenze, wenn wir mehr darauf achten, andere Menschen in ih-

---

[4] Ich habe hier ein Zitat von Keller umgeschrieben, in dem er auf die Problematik der Politik eingeht: „Wenn wir unsere Identität, unser Selbstwertgefühl aus unserer politischen Position beziehen, dann geht es in der Politik eigentlich nicht um Politik, sondern um uns. Das Programm, für das wir kämpfen, verschafft uns unsere Identität, unseren Wert, und dies heißt, dass wir die Andersdenkenden verachten und dämonisieren müssen" (Keller, Warum Gott?, 204).

rem Glauben zu korrigieren, als uns von Christus korrigieren zu lassen."[5] Wie schnell überschreiten wir diese Grenze!

Demut und Mitgefühl

Es ist bedauernswert, dass die menschliche Sünde eine gesunde Glaubenslehre genauso zerstören kann wie alles andere Gute in der Welt. Aber sollte uns dies davon abhalten, an den biblischen Wahrheiten festzuhalten und sie weiterhin zu bezeugen? Paulus sah das nicht so. Am Ende seines Lebens legte er Timotheus eindringlich nahe, an der biblischen Wahrheit über Jesus festzuhalten. Selbst wenn wir Rechtgläubigkeit vermeiden würden, es bleiben Hochmut und Kompetenzgerangel. Wir würden irgendetwas anderes finden, was wir uns gegenseitig vorwerfen oder worauf wir stolz sein könnten.

So, wie wir mit aller Kraft an der Wahrheit festhalten müssen, dürfen wir auch niemals aufgeben, anderen unsere Liebe entgegenzubringen.

Francis Schaeffer, ein christlicher Autor und geistlicher Leiter des vorigen Jahrhunderts, war ein Vorbild für diese Art der Demut, verbunden mit Mitgefühl. Er liebte die Menschen aufrichtig. Auch als er die Kultur des Abendlandes analysierte und kritisierte, tat er es mit einem „weinenden Auge."[6]

---

[5] Greg Dutcher, *Killing Calvinism: How to Destroy a Perfectly Good Theology from Inside* (Hudson, OH: Cruciform, 2012), 25

[6] D. A. Carson, *The Gagging of God: Christianity Confronts Pluralism* (Grand Rapids: Zondervan, 1996), 439

Dies ist demütige Rechtgläubigkeit. Es bedeutet, für die Wahrheit mit einem weinenden Auge einzutreten. Es bedeutet, einer Freundin, die in sexueller Sünde lebt, zu versichern, dass wir sie lieben, wenn wir ihr sagen, dass ihr Sexualleben Ungehorsam Gott gegenüber darstellt. Es bedeutet, daran zu denken, dass böse, lieblose Gegner des Evangeliums auch Menschen sind, die nach dem Bild Gottes erschaffen sind, welche die gleiche Gnade brauchen, die auch wir von Gott erhalten haben. Wir müssen daran denken, dass unser Glaube unglaubwürdig wird, wenn wir die christliche Lehre hochmütig und selbstgerecht bezeugen.

Während wir also weder verletzend noch boshaft in unserem Zeugnis der biblischen Wahrheit sein sollten, müssen wir uns auch nicht für unsere Überzeugung rechtfertigen, dass Gott durch die Bibel klar und eindeutig spricht. Was wir in erster Linie brauchen, ist Demut vor Gott. Pastor Mark Dever beschreibt es so: „Eine ‚demütige' Theologie ist eine Theologie, die sich der Wahrheit von Gottes Wort unterwirft."[7] An diesen Satz muss ich mich immer wieder erinnern. Denn ich glaube, dass wir auf hochmütige Belehrungen übersteigert reagieren könnten und dann lieber zu einer schwammigen Theologie tendieren, weil wir andere, die an die eindeutige Aussage der Bibel glauben, für arrogant halten.

Die Wahrheit kann erkannt werden. Und man sollte der Lehre der Bibel gehorchen. Nur weil wir Gott nicht voll-

---

[7] Mark Dever, *Humble Dogmatism,* Together for the Gospel, February 8, 2006, www.t4g.org/2006/02/humble-dogmatism/

kommen erkennen können, bedeutet es nicht, dass wir seine Wahrheit nicht erkennen können (Psalm 19,7.10; Johannes 17,17). Nur weil Gottes Wort Geheimnisse enthält, bedeutet das nicht, dass wir so tun können, als hätte Gott nicht deutlich gesprochen.

Dever schreibt: „Christliche Demut bedeutet, zu akzeptieren, was Gott in seinem Wort geoffenbart hat. Der Weg der Demut ist ein Weg des Gehorsams. Egal, wohin und wie weit dieser Weg auch geht ... Demut in unseren Gemeinden bedeutet, die Bibel zu lesen und ihr zu glauben. Es ist nicht demütig, dort unschlüssig zu sein, wo Gott eine klare und eindeutige Aussage macht."[8]

Die Antwort auf arrogante Rechtgläubigkeit ist daher nicht weniger Rechtgläubigkeit, sondern mehr.

Unverfälschte Rechtgläubigkeit – deren Kernaussage es ist, dass Gottes Sohn für unwürdige Sünder gestorben ist – ist eine Botschaft, die wahrhaftig demütig macht und die jeglichen Stolz zerschlägt. Und wenn wir das Evangelium von der Gnade wirklich kennen, dann wird es uns ein Herz voller Demut und Gnade für andere Menschen schenken.

---

[8] Dever, *Humble Dogmatism*

3

Reue beginnt bei mir

Justin lebt in Chicago. Mit seinen 1,90 Metern ist er fast doppelt so groß wie ich. Zumindest ist er zweimal klüger als ich. Gott hat Justin einen scharfen Verstand geschenkt, und Justin setzt ihn gerne ein, um über Gottes Wahrheiten nachzudenken und sich darüber zu freuen. Bei seinem letzten großen Projekt arbeitete er mit neunzig Bibelgelehrten zusammen, um eine neue (wie ich finde erstaunliche) Studienbibel zusammenzustellen.

Außerdem führt er einen Blog, der sich mit einer breit gefächerten Palette theologischer und kultureller Themen befasst. Der Blog mit dem Namen *Between Two Worlds* (dt.: „Zwischen zwei Welten") gehört mittlerweile zu den beliebtesten christlichen Internetseiten Amerikas.[9] Aber er ist auch zum Schlachtfeld für Christen mit unterschiedlichen Hintergründen und Konfessionen geworden. Die Kommentare können wirklich hässlich und persönlich werden. Und sehr oft ist Justin ihr Zielobjekt.

Ich habe schon oft beobachtet, wie Justin auf böse Kommentare freundlich reagiert hat. Ich habe gehört, wie er

---

[9] Siehe Justin Taylor's blog at http://thegospelcoalition.org/blogs/justintaylor/

für Personen gebetet hat, die seine Worte verdrehten, und ich habe gesehen, wie er der Versuchung widerstand, „zurückzuschlagen". Justin liegt die biblische Wahrheit sehr am Herzen, aber er ist zu Personen, deren Meinung er ablehnt, trotzdem freundlich. Er geht auf Christen zu, die bezüglich der Glaubenslehre eine andere Meinung haben, und er hört ihnen zu. Von seiner Glaubensüberzeugung weicht er nicht ab, sondern er bleibt mit echter Demut standhaft. Und wenn er auf Hass stößt, weigert er sich, mit Hass zu reagieren.

Wie jeder andere echte demütige Mensch, ist es Justin unangenehm, als Vorbild für Demut betrachtet zu werden. Daher bedeutet es mir viel, dass er mir die Erlaubnis gegeben hat, in diesem Zusammenhang über ihn zu sprechen. Justin hat mir erheblich dabei geholfen, den kausalen Zusammenhang zwischen Demut und Rechtgläubigkeit zu verstehen. Er sagt, Demut führt zu Rechtgläubigkeit und Rechtgläubigkeit führt zu Demut. Denken Sie einmal darüber nach. Wenn wir wirklich demütig sind, dann geben wir zu, dass Gott uns die Wahrheit offenbaren muss. Dann werden wir unser Gottesbild nicht nach unseren eigenen Ideen und Gedanken schaffen. Demut bringt uns dazu, das offenbarte Wort Gottes und die Notwendigkeit unserer Errettung zu akzeptieren. Und umgekehrt gilt genauso: Wenn wir Rechtgläubigkeit wirklich kennen und annehmen, dann macht uns das demütig. Wenn wir die Wahrheit über Gott kennen – seine Liebe, seine Kraft, seine Herrlichkeit, seine Heiligkeit, seine Gnade –, dann werden wir nicht prahlen können. Diese Wahrheit wird uns in Erstaunen versetzen.

> Demut führt zu Rechtgläubigkeit und Rechtgläubigkeit führt zu Demut.

Sie wird ehrfürchtige Bewunderung auslösen. Und sie lässt uns im Angesicht der Gnade demütig werden.

Obwohl ich noch nicht so weit gekommen bin, sehne ich mich zutiefst danach. Und dieser Wunsch, so glaube ich, ist ein Geschenk Gottes.

Im Übrigen sollten wir alle weniger darum besorgt sein, ob andere Menschen der Wahrheit Gottes entsprechen, als vielmehr um unsere eigene Wahrhaftigkeit Gott gegenüber. Ein gutes Vorbild für diese Haltung war ein König des Alten Testaments, an den Sie vielleicht schon lange nicht mehr gedacht haben: König Josia.

Ein zerrissenes Gewand

Josia lebte mehr als 600 Jahre vor Christus. Das Volk von Juda hatte schon lange Zeit gegen Gott rebelliert, als Josia seine Herrschaft antrat. Es hatte immer noch den Tempel und lebte nach religiösen Formen, aber das Leben der Menschen war ausgefüllt mit Götzendienst und Unmoral, mit Ungerechtigkeit und Unterdrückung.

Es ist kaum zu glauben, aber seit Jahrzehnten war die alte Schriftrolle mit den Gesetzen Gottes in Vergessenheit geraten. Das Volk hatte daher schon über viele Jahre hinweg keine Anweisungen mehr vom Herrn durch das Gesetzbuch gehört. Eines Tages jedoch, nachdem König Josia die Renovierung des Tempels angeordnet hatte, fand man die lange vermisste Schriftrolle.

Als man Josia das Buch des Gesetzes vorlas und er hörte, wie weit sich sein Volk vom Gehorsam Gott gegenüber entfernt hatte, reagierte er vorbildlich. Er hätte andere für ihre Gottlosigkeit beschuldigen können. Er hätte jene bestrafen können, die die wiederentdeckten Gesetze verletzt hatten. Aber er tat nichts von alldem. Was machte er stattdessen? Er zerriss seine Kleider und weinte vor dem Herrn (2. Könige 22,10–11.19). In seiner Kultur zeigte man auf diese Weise seine Demut. Josia wollte damit sagen: „Ich habe einen Fehler gemacht. Die Buße fängt bei *mir* an."

Genau diese Demut brauchen wir heute. Rechtgläubigkeit sollte nicht der Name eines Clubs sein, dessen Mitglieder andere angreifen. Der rechte Glaube sollte zuerst unser Herz durchdringen, und indem wir unser Herz vor Gott offenlegen, sagen wir: „Vergib *uns,* Herr!"

G. K. Chesterton schrieb in seinem Buch *Orthodoxy:* „Das, woran wir heute leiden, ist die Demut am falschen Platz. Die Bescheidenheit hat sich vom Organ des Strebens getrennt. Die Bescheidenheit hat sich mit dem Organ der Überzeugung zusammengetan, wo sie nie hingehört hat. Der Mensch war dazu bestimmt, an sich selbst zu zweifeln und nicht an der Wahrheit."[10] Mit anderen Worten: Wir brauchen Demut angesichts unser eigenen Versäumnisse im Licht von Gottes Wort und keine Demut, welche die Klarheit, Vollmacht und Vollständigkeit der Schrift anzweifelt.

Die folgende Frage kann als Test dienen, ob wir demütige Rechtgläubigkeit anstreben: Wenden wir *persönlich* genauso viel Kraft auf, um Gottes Wort zu gehorchen und uns durch sein Wort verändern zu lassen, wie für unsere Kritik an denen, die es verzerren?

---

[10] Gilbert K. Chesterton, *Orthodoxy* (1908; repr., Garden City, NY: Image, 1959), 31

Fernsehprediger, die ein Wohlstandevangelium verkünden, kann man schnell verurteilen. Aber erlaube ich der Bibel, mein eigenes materialistisches Herz zu korrigieren, das sich oft mehr den Segen Gottes wünscht als Gott selbst? Lasse ich mich von Gottes Wort verändern, das mich auffordert, mich selbst zu verleugnen, das Kreuz auf mich zu nehmen und ihm zu folgen (Markus 8,34)?

> Wenden wir *persönlich* genauso viel Kraft auf, um Gottes Wort zu gehorchen und uns durch sein Wort verändern zu lassen, wie für unsere Kritik an denen, die es verzerren?

Es ist einfach, Autoren zu kritisieren, die die Existenz der Hölle verleugnen. Aber erlaube ich der Bibel mit ihrer schwierigen Lehre von Gottes Zorn auf die Sünder, mein Leben und meine Prioritäten so zu ändern, dass ich bete und mich für die ungläubigen Sünder dieser Welt einsetze? Wie Pastor David Platt gesagt hat, haben viele von uns einen funktionalen Universalismus angenommen, der sich mehr um unsere Zufriedenheit kümmert als um das ewige Schicksal derjenigen, die die gute Nachricht noch nicht gehört haben.[11]

Sollten die Menschen und die Gemeinden, die treu an der Rechtgläubigkeit und den biblischen Wahrheiten festhalten, nicht diejenigen sein, die vor Gott am häufigsten Buße tun?

Sollte man nicht von uns erwarten können, dass wir immer wieder unsere Sünden bekennen, wenn wir ver-

---

[11] David Platt, *Radical: Taking Back Your Faith from the American Dream* (Colorado Springs: WaterBrook Multnomah, 2010), 142

sagt haben, nach den biblischen Wahrheiten zu leben, die wir doch so verteidigen?

Sollte die Welt, die uns aufmerksam beobachtet, nicht nur unser Urteil über Irrlehren wahrnehmen, sondern auch unser Flehen um Gottes Gnade, weil auch wir Fehler machen?

Wir alle haben gute Gründe, unsere Kleider zu zerreißen.

Danach leben

Ich sage nicht, dass ich es geschafft habe, in demütiger Weise den rechten Glauben zu leben. Wenn ich mir ein wenig theologisches Wissen angeeignet habe, fühle ich mich allzu oft stolz. Aber ich sage Ihnen, was meinen Hochmut und meine Selbstgerechtigkeit schneller als alles andere dämpft: der Versuch, nach der Wahrheit zu leben.

Gottes Wort sagt, dass man die Wahrheit nicht nur kennen und lehren soll. Wir müssen sie auch verkörpern. Wir müssen die biblischen Wahrheiten in unserem Leben anwenden. Wir müssen uns der Autorität der Bibel und den Anforderungen des Evangeliums nicht nur intellektuell, sondern auch in unseren alltäglichen Gedanken, in unserem Beruf und in unseren Beziehungen unterwerfen. Biblische Wahrheit ohne persönliche Umsetzung ist Heuchelei, und die lebendige Wahrheit wird zur Lebenslüge, wenn wir dieser Wahrheit nicht gehorchen.

Möchten Sie Ihre Rechtgläubigkeit demütig leben? Versuchen Sie es. Verbringen Sie Ihre Zeit nicht damit, darüber zu theoretisieren, zu debattieren oder darüber zu bloggen. Investieren Sie mehr von Ihrer Kraft in das Bemühen, nach der Ihnen bekannten Wahrheit zu leben, anstatt sich Sorgen zu machen, was ein anderer Mensch weiß oder nicht weiß. Messen Sie sich nicht an Ihrem Wissen. Messen Sie sich daran, ob Sie Ihr biblisches Wissen in Ihrem Leben anwenden.

Kenne ich die Lehre Gottes? Kenne ich seine Eigenschaften wie Souveränität, Allmacht und Liebe? Dann sollte ich nach diesen Wahrheiten leben und aufhören, mir Sorgen zu machen und mich zu beklagen.

Weiß ich etwas über die Lehre von der Rechtfertigung? Kann ich Ihnen sagen, dass ich gerechtfertigt bin allein durch Gnade, die allein im Glauben empfangen wird durch Christus allein? Gut. Dann sollte ich nach dieser Wahrheit leben und bereuen, dass ich versucht habe, Gottes Anerkennung zu verdienen. Ich sollte über meine Selbstgerechtigkeit weinen, wenn meine Gedanken über andere und mein Verhalten ihnen gegenüber so ist, als wäre ich mehr als nur der Empfänger der reinen, unverdienten Gnade.

> Messen Sie sich nicht an Ihrem Wissen. Messen Sie sich daran, ob Sie ihr biblisches Wissen in Ihrem Leben anwenden.

Weiß ich etwas über die Lehre der Heiligung? Weiß ich etwas über den Stellenwert der Heiligkeit und über das Wirken der Sünde in meinem Leben? Warum sollte ich dann auf einen anderen Christen, der weniger geheiligt zu sein scheint, herabsehen oder ihn angreifen? Es gibt genug Bereiche in meinem Leben, in denen ich mich ändern muss. Ich sollte mehr um die Kraft des Heiligen Geistes bitten, der mich befähigt, im Gehorsam Fortschritte zu machen.

Ich glaube, das wollte Paulus Timotheus sagen, als er schrieb: „Habe acht auf dich selbst und auf die Lehre; beharre in diesen Dingen! Denn wenn du dies tust, so wirst du sowohl dich selbst retten als auch die, die dich hören" (1. Timotheus 4,16). Es genügt nicht, nur die rechte Lehre zu verkünden. Leben und Lehre können nicht voneinander getrennt werden. Entweder spiegelt unser Leben die Schönheit der göttlichen Wahrheit wider oder es verschleiert sie.

Wir müssen unsere Neigung zur Sünde ernst nehmen. Auch der große Führer Mose war nicht wachsam genug und zog sich Gottes Unmut zu, als der Ungehorsam der anderen ihn dazu verführte, selbst ungehorsam zu sein.

Der widerspenstige Führer eines widerspenstigen Volkes

Mose und das Volk Israel waren in der Wüste Sinai und das Wasser wurde knapp. Das Volk beklagte sich bei seinem Anführer: „Und warum habt ihr die Versammlung des HERRN in diese Wüste gebracht, damit wir in ihr sterben, wir und unser Vieh? Und warum habt ihr uns aus Ägypten heraufgeführt, um uns an diesen bösen Ort zu bringen? Es ist nicht ein Ort für Saat und für Feigenbäume und Weinstöcke und Granatbäume, auch ist kein Wasser da zum Trinken" (4. Mose 20,4–5).

Mose, der sich einerseits über die Nörgler ärgerte, andererseits aber auch Verständnis für sie hatte, fragte den Herrn um Rat.

Der Herr redete zu Mose und sprach: „Nimm den Stab und versammle die Gemeinde, du und dein Bruder Aaron, und redet vor ihren Augen zu dem Felsen! Dann wird er sein Wasser geben" (Vers 8).

Mose führte das Volk (das er „widerspenstig" nannte) an den Felsen und schlug diesen zweimal mit seinem Stab (Vers 10–11). Der Text erklärt nicht genau, was im Herzen Moses vor sich ging, aber es ist offensichtlich, dass Mose, als er den Felsen schlug, von etwas angetrieben wurde, das nichts mit der Herrlichkeit Gottes zu tun hatte. Es scheint, als habe er sich mehr um seine Rechtfertigung und um den Eigensinn des Volkes Gedanken gemacht als um die Heiligkeit Gottes. Trotz allem blieb Gott seinem Versprechen treu. Es gab genug Wasser für alle.

Das Volk war glücklich.

Mose mag schließlich auch glücklich gewesen sein.

Aber der Herr war es nicht.

Mose hatte sich nicht an die Anweisungen Gottes gehalten. Der Herr hatte ihm gesagt, dass er zu dem Felsen *reden* sollte. Stattdessen hatte Mose in seinem Zorn über das nörgelnde Volk Israel den Felsen *geschlagen.* Also strafte Gott Mose: „Weil ihr mir nicht geglaubt habt, mich vor den Augen der Söhne Israel zu heiligen, darum sollt ihr diese Versammlung nicht in das Land bringen, das ich ihnen gegeben habe" (Vers 12).

Ich weiß nicht, wie Sie darüber denken, aber ich hätte Mose dieses Vergehen durchgehen lassen. Sein scheinbar harmloser Verstoß verblasst vor dem unerhörten Verhalten des Volkes, das er anführte. Schauen Sie sich die Israeliten an: Sie stritten sich mit Gottes auserwählten Propheten. Sie und ihre Vorfahren hatten Gott immer wieder auf die Probe gestellt. Nachdem sie aus der Sklaverei errettet worden waren, wollten sie wieder nach Ägypten zurück-kehren. Sie beteten das goldene Kalb an. Sie weigerten sich, in das Gelobte Land zu gehen. Wann immer sie vor Schwierigkeiten standen, begannen sie zu meckern, sich zu beklagen und sich aufzulehnen. Diese Gegner und Kri-tiker Moses waren völlig im Unrecht – ihr Glaube war falsch und ihre Taten sündig.

Trotzdem rechtfertigte diese unverfrorene, böse Rebel-lion des Volkes in keinster Weise Moses Ungehorsam ge-genüber Gott. Mit diesem Ungehorsam verpasste Mose die Gelegenheit, Gottes Heiligkeit in den Mittelpunkt zu stellen.

Der springende Punkt ist der: Die Fehler und Sünden anderer Menschen geben mir niemals das Recht, Gottes Wort zu ignorieren. Sogar wenn Menschen sündigen, läs-tern und die Wahrheit schlechtmachen, habe ich keine Entschuldigung dafür, Gottes Gebote zu ignorieren. Die Sünden der anderen geben mir nicht das Recht, ebenfalls zu sündigen.

Lassen Sie uns aus dieser Geschich-te eine Lehre ziehen und der Wahrheit ins Auge sehen. Egal, wie sehr jemand im Unrecht ist, Gott beurteilt mein und Ihr Herz. Und wenn wir ihn für heilig halten, dann werden wir das nie aus den Augen verlieren. Weder Gott noch unsere Verantwortung ihm gegenüber werden wir dann jemals aus den Augen verlieren.

Sogar wenn Men-schen in unserer Kultur sündigen, lästern und die Wahrheit schlecht-machen, habe ich keine Entschuldi-gung, Gottes Gebo-te zu ignorieren.

Erinnerungen an die „Käfigphase"

Ich habe einmal jemanden sagen hören, dass Menschen, die gerade die Bedeutung der rechten Glaubenslehre entdeckt haben, sich in einer „Käfigphase" befinden. Anders ausgedrückt: Sie sollten eingesperrt werden, weil ihr neu entdeckter Eifer für die Wahrheit sie oftmals gefährlich macht, ja, sogar bösartig, weil sie selbstgerecht werden und andere, die sie für weniger informiert halten, kritisieren.

Als ich Anfang zwanzig war, befand ich mich auch in meiner „Käfigphase". Ich lernte die wunderbare Wahrheit über Gottes Souveränität bei meiner Erlösung kennen, dass ich gerechtfertigt sei allein durch den Glauben und nach Heiligung streben solle – das heißt, ich sollte in meinen Worten und Taten Jesus immer ähnlicher werden. Es war aufregend, Gott immer besser kennenzulernen und zu begreifen, wie er mich durch Christus errettet hatte. Ich fand neue Freunde mit der gleichen Liebe für biblischen Wahrheiten, die mir halfen, im Glauben zu wachsen.

Aber auf subtile Art und Weise wurde mein Herz nicht nur von biblischen Wahrheiten erfüllt, sondern auch von einem gewissen Überlegenheitsgefühl. Ich kannte nicht nur die Wahrheit, sondern ich kannte eine Wahrheit, die andere nicht hatten. Ich schaute nicht nur nach oben, um Gottes Herrlichkeit zu betrachten. Ich schaute auch auf andere herab.

Wenn ich an einer Konferenz oder an Lehrvorträgen teilnahm, an denen auch Mitglieder anderer Konfessionen oder christliche Gruppen teilnahmen, nahm ich mir danach Zeit, um noch einmal darüber nachzudenken, was ich gelernt hatte. Leider „lernte" ich nur, dass ich dankbar dafür war, dass ich klüger war als diese Glaubensbrüder. Im Namen meines Urteilsvermögens kritisierte ich Aspekte ihrer Theologie, Glaubenspraxis und Überzeugungen.

Ich bin wirklich traurig, wenn ich an mein Verhalten bei so vielen Diskussionen zurückdenke, weil ich weiß, dass es Gott nicht gefallen hat. In diesen Momenten war es nicht die Liebe zu Gott und zu seiner Wahrheit, die mich leitete. Der Gedanke, dass ich besser informiert war als andere, machte mich selbstgefällig und selbstzufrieden.

Gibt es einen guten Ort, wo man das Urteilsvermögen trainieren kann? Absolut. Und sollten wir nicht den Inhalt der Glaubenslehre, die Methoden auf Konferenzen, die Bücher und andere Materialien sorgfältig prüfen? Keine Frage. Aber wie der Autor Trevin Wax schon sagt, gibt es einen Unterschied zwischen einem kritischen Geist, der sorgfältig prüft, und einem kritischen Geist, der andere Menschen heruntermacht und sie missachtet.[12] Ich habe mich mit meinem kritischen Geist zu oft schuldig gemacht.

In den vergangenen fünf Jahren hat Gott mein Verhalten geduldig korrigiert. Hebräer 12,5–11 sagt, dass Gott, unser Vater, uns züchtigt, weil er uns liebt. Er bringt Umstände, ja, sogar Leid, in unser Leben, damit wir „jede Bürde" und die „leicht umstrickende Sünde" ablegen (Vers 1). Ich war stolz und fühlte mich überlegen. Ich hielt meine

---

[12] Trevin Wax, „A Critical Mind vs. A Critical Spirit," The Gospel Coalition, May 14, 2012, http://thegospelcoalition.org/blogs/trevinwax/2012/05/14/a-critical-mind-vs-a-critical-spirit/

Erkenntnis und meine Haltung für besser als die der anderen. Aber Gott gebrauchte einige schmerzvolle Umstände, um mich demütig zu machen. Er brach einen oder zwei (oder drei) Zacken aus meiner Krone der Selbstüberschätzung.

Und wissen Sie was? Es war das Beste, was mir passieren konnte, um Demut zu lernen.

Heute erkenne ich die Gnade in anderen Glaubensgemeinschaften und Gemeinden auf ganz neue Weise. Heute kann ich viel besser von anderen Menschen lernen und habe nicht mehr das Gefühl, mich schützen zu müssen, indem ich zeige, warum ich mehr im Recht bin als sie. Außerdem bin ich viel eher bereit, anderen, die genauso wie ich im Glauben noch wachsen, Gnade und Verständnis entgegenzubringen.

> Es gibt einen Unterschied zwischen einem kritischen Geist, der sorgfältig prüft, und einem kritischen Geist, der andere Menschen heruntermacht.

Genau das bedeutet demütige Rechtgläubigkeit. Andere haben vielleicht Splitter im Auge, aber wir haben Balken in unseren Augen (Matthäus 7,1–5). Demut fängt also nicht bei dem anderen an. Sie beginnt immer bei einem selbst.

Demut führt schließlich zur Anerkennung durch Gott. Lassen Sie mich das erklären ...

4

Gottes Anerkennung suchen

Für viele Menschen ist heute die biblische Wahrheit leider vielmehr ein persönliches Accessoire als eine lebensnotwendige Tatsache. Sie behandeln die Wahrheit wie eine Hose, die man sich aussucht. *Irgendwie gefällt mir diese Lehre,* denken sie vielleicht. *Und ich identifiziere mich auch damit, weil ich ein Mensch sein will, der so denkt. Aber die Glaubenslehre der anderen? Vergiss es!* Sie wollen eigentlich gar nicht um die Wahrheit ringen und zu einer tiefen Glaubensüberzeugung kommen. Sie suchen sich etwas aus und machen damit eine Aussage über sich selbst.

Ich gebe Ihnen einen anderen Vergleich.

Haben Sie sich einmal im Internet die Playlisten von Prominenten angeschaut? Das sind Listen der Lieblingslieder von berühmten Personen (z. B. von Schauspielern, Musikern, Komikern oder anderen). Man fragt sich, ob diese Personen (oder deren Publizisten) viel Zeit investiert haben, um diese Songs auszuwählen – nicht etwa weil sie mit der Musik starke Gefühle verbinden, sondern weil sie wollen, dass Sie die Songliste anschauen und denken: *Diese Person ist wirklich kultiviert. Ihr Geschmack ist ausgezeichnet. Sie mag gute Musik und sie ist interessant und feinfühlig.*

> Bei der Wahrheit geht es nicht um uns. Es geht um Gott.

Niemand will eine Playliste veröffentlichen, in der steht: „Ich liebe _____ (hier können Sie den Namen der aktuellen Pop-Diva einsetzen). Sie ist einfach großartig." Nein, diese berühmten Persönlichkeiten wollen beeindrucken und Sie wissen lassen, dass sie Musik kennen, von der Sie noch nie gehört haben. Mit ihrer Playlist wollen sie sagen: „Auf diesem Planeten gibt es nur zwei Menschen, die diese Band kennen. Und ich bin einer davon!"

Genau so gehen Leute manchmal mit der christlichen Lehre und den biblischen Wahrheiten um. Sie befassen sich flüchtig mit etwas, weil es irgendwie ausgefallen ist, weil es gerade modern ist, weil es etwas über sie selbst aussagt.

Doch bei der Wahrheit geht es nicht um uns. Es geht auch nicht um Selbstbestimmung oder ein Accessoire. Es geht um Gott. Wir glauben an diese Wahrheiten und halten daran fest – nicht weil wir etwas über uns aussagen wollen, sondern weil wir eine wahre Aussage über Gott machen wollen. Wir wollen Gott die Ehre geben.

Darum müssen wir erkennen, dass die Wahrheit größer ist als wir. Und wir müssen darüber nachdenken, wie wir mit dieser Wahrheit jetzt und für den Rest unseres Lebens umgehen.

Wessen Anerkennung?

Lesen Sie, was Paulus im 2. Timotheusbrief schreibt: „Halte fest das Vorbild der gesunden Worte, die du von mir gehört hast, in Glauben und Liebe, die in Christus Jesus sind! Bewahre das schöne anvertraute Gut durch den Heiligen Geist, der in uns wohnt" (1,13–14).

„Aber die törichten und ungereimten Streitfragen weise ab, da du weißt, dass sie Streitigkeiten erzeugen! Ein Knecht des Herrn aber soll nicht streiten, sondern gegen alle milde sein, lehrfähig, duldsam, und die Widersacher in Sanftmut zurechtweisen und hoffen, ob ihnen Gott nicht etwa Buße gebe zur Erkenntnis der Wahrheit" (2,23–25).

Das ist demütige Rechtgläubigkeit.

Schließlich möchte ich noch auf einen letzten Punkt im 2. Timotheusbrief hinweisen. Paulus schreibt Timotheus: „Strebe danach, dich Gott bewährt zur Verfügung zu stellen als einen Arbeiter, der sich nicht zu schämen hat, der das Wort der Wahrheit in gerader Richtung schneidet" (2,15).

Paulus forderte Timotheus auf, dass er Gottes Anerkennung suchen sollte. Von wem wollen *wir* Anerkennung? Und was müssen wir dafür tun?

Sie können es sich wahrscheinlich nicht vorstellen, aber unsere Generation von Christen muss sich mit großen Fragen auseinandersetzen. Wie wird die Gemeinde in den nächsten Jahren aussehen? Wer wird uns leiten? Welche Glaubensgrundlagen werden wir haben? Wer wird unseren Kurs bestimmen? Was wird uns motivieren und worüber werden wir uns definieren? Was können wir aus der Vergangenheit mitnehmen und was dürfen wir ändern? Diese Diskussionen gibt es.

Natürlich brauchen wir Veränderung, neue Ideen und einen Methodenwechsel, um das Evangelium effektiver verkünden zu können. Aber die heute stattfindenden Diskussionen gehen über die bloße Methode oder Praxis hinaus. Es geht nicht darum, wie man effektiver evangelisieren kann. Bei der Diskussion dreht es sich darum, ob wir die Theologie und den Glauben neu erfinden können.

Und ich glaube, dass es bei den Diskussionen im Grunde genommen um die Frage geht, bei wem wir Anerkennung suchen.

Wir Christen wissen, dass es in unserem Leben um die Anerkennung durch Gott gehen sollte. Wir lassen uns von diesem Ziel jedoch leicht ablenken. Mir fallen drei Möglichkeiten ein, wo Christen Anerkennung suchen, wenn sie sie nicht bei Gott suchen.

Zunächst scheinen sich heute viele Christen mit der vorangegangenen Generation zu beschäftigen und damit, was sie richtig gemacht hat und was nicht. Statt im Leben nach der Anerkennung Gottes zu streben, sind sie damit beschäftigt, sich nach Menschen zu richten, die nicht mehr leben. Sich nach etwas anderem zu richten als nach Gottes Wort ist gefährlich. Menschen können dadurch leicht von biblischen Prioritäten abweichen.

Dann gibt es Christen, die in dem Bemühen, verlorene Seelen zu retten, versuchen, diese Menschen zu beeindrucken, anstatt auf sie zuzugehen. Wenn ein Mensch jedoch von dem Wunsch motiviert ist, diese gefallene Menschheit zu beeindrucken, dann wird alles, was Gott zu sagen hat, zu einem Hindernis statt zu einer kostbaren Wahrheit. Die Christen, die diesen Weg beschreiten, werden zu Sklaven der Trends, der Werte und Strömungen einer geistlich verlorenen Kultur.

Andere Christen schließlich fallen von der anderen Seite vom Pferd: Sie wenden sich gänzlich von der Welt ab. Sie schließen sich in ihrer kleinen christlichen Subkultur ein, ziehen in ihr kleines christliches Ghetto und

Auf etwas anderes als auf Gottes Wort zu reagieren, ist gefährlich.

konzentrieren sich ausschließlich darauf, andere Menschen innerhalb ihrer kleinen Clique zu beeindrucken. Vielleicht haben sie eine Liebe für die Wahrheit, aber für sie bedeutet Wahrheit nicht, dass Gott verlorene Menschen verändert, sie wollen vielmehr beweisen, dass sie in jeder Hinsicht Recht haben.

Ich habe mich mit jeder der drei genannten Möglichkeiten auf verschiedene Art und zu verschiedenen Zeiten schuldig gemacht. Mir fällt es sogar leicht, wie eine Stahlkugel in einem Flipperspiel zwischen diesen Reaktionen hin- und herzuspringen. Vielleicht haben Sie die gleiche Erfahrung gemacht.

Und genau deswegen brauchen wir 2. Timotheus 2,15.

Wir sollten unser Bestes tun, uns zu bewähren – nicht um eines Platzes in der Geschichte willen, nicht unserer Kultur wegen und auch nicht für unsere Glaubensgeschwister, sondern einzig für Gott. Wir sind seine Diener. Es geht nur um seine Anerkennung.

Wir werden nur dann ohne Scham vor seinem Richterstuhl stehen, wenn wir mit dem Wort der Wahrheit richtig umgehen.

Der richtige Umgang

Mit dem „Wort der Wahrheit" in 2. Timotheus 2,15 meint Paulus das Evangelium – dass Gottes Sohn Mensch wurde, dass er sich vollkommen dem Gesetz Gottes unterwarf, dass er auf Golgatha sein Leben für uns gab und von den Toten auferstand, damit wir Vergebung erlangen und von Gott angenommen sind.

Wollen wir mit dem Evangelium richtig umgehen – wollen wir es genauso unverfälscht verkünden, wie wir es gehört haben? Oder wollen wir es schlecht verwalten?

Für Paulus war dieses Thema so wichtig, weil es ihm vor allem um die Ehre Gottes ging. Aber auch weil die Menschen ihm wichtig waren und er eine tiefe Liebe zu ihnen empfand. Was Paulus motivierte – der Grund, weshalb er sich den Irrlehrern widersetzte und weshalb er sogar die Namen der Irrlehrer nannte (sogar in diesem Abschnitt) –, war: Er wusste, dass eine falsche Lehre die Menschen verführt und ihre Seelen für immer zerstört. Genau das müssen wir verstehen, wenn wir uns der Bedeutung vom richtigen Umgang mit den biblischen Wahrheiten bewusst werden wollen.

Wenn Ihnen jemand einen Basketball gibt und sagt: „Pass gut auf diesen Ball auf!", dann machen Sie sich wahrscheinlich keine allzu große Sorgen, dass Ihnen der Ball herunterfallen könnte, oder? Denn was passiert mit einem Ball, den Sie fallen lassen? Er kommt direkt zu Ihnen zurück.

Wenn Sie jedoch etwas halten sollen, das beim Herunterfallen explodieren und andere verletzen könnte, dann gehen Sie sehr vorsichtig und achtsam damit um.

Wenn wir das Evangelium schlecht verwalten, dann ist das nicht so einfach, wie auf einen Ball aufzupassen, der einfach zurückprallt, wenn er hinfällt: *„Oh, Jesus ist Gott, ganz gleich, was ich anderen sage. Es ist alles nicht so dramatisch."* Oder: *„Also, Jesus ist tatsächlich der einzige Weg zum Vater. Irgendwie hatte ich das vergessen zu erwähnen. Egal."*

Wenn Sie jedoch etwas halten, das beim Herunterfallen explodieren und andere verletzen könnte, dann gehen Sie sehr vorsichtig und achtsam damit um.

Nein. Paulus hat klargemacht, dass es nicht in Ordnung ist, wenn die Wahrheit schlecht verwaltet und eine Irrlehre verkündet wird. Es wird nicht einfach so gut gehen. Falsche Lehren zerstören das Leben von Menschen.

Paulus betonte in 2. Timotheus 2 auch, dass man keinen Wortstreit führen soll. Er sagte jedoch nicht, dass man sich nicht für die Wahrheit oder für eine rechte Glaubenslehre einsetzen solle. Er sagte auch nicht, dass man sich im Kampf für eine gesunde Lehre zurückhalten solle. Timotheus sollte vielmehr einen Streit vermeiden, der vom Evangelium wegführte. Paulus sagte: „Halte dich aus einem Streit raus, der gar nichts mit den zentralen Glaubenswahrheiten des Evangeliums zu tun hat, die wir erhalten haben. Lass dich nicht beirren."

Im Grunde genommen legte Paulus Timotheus – und uns – nahe, an der richtigen Lehre – der Rechtgläubigkeit –, die von den Aposteln überliefert wurde, festzuhalten. Wenn wir das tun, sind wir demütig im Geist und geben letztendlich Gott die Ehre, wenn wir seiner Gemeinde dienen.

Entschuldigungen im Himmel

Was mir bei meinem Streben nach demütiger Rechtgläubigkeit hilft, ist der Gedanke, dass es eines Tages im Himmel nur eine Person geben wird, die Recht hat. Ich werde es nicht sein und Sie leider auch nicht. Gott wird es sein. Jeder andere im Himmel wird auf tausenderlei Arten in Millionen verschiedenen Dingen im Irrtum sein. Die Bibel sagt uns, dass nur jene, die Jesus Christus vertrauen, sich von der Sünde abgewendet haben und an ihn glauben, in Gottes Gegenwart sein werden. Aber wir werden alle erkennen, dass wir viele nebensächliche Angelegenheiten falsch beurteilt haben.

Manche Menschen stellen sich den Himmel vielleicht als einen Ort vor, an dem alle Menschen, die Recht hatten, ein Fest feiern, dass sie es geschafft haben. Aber nach meiner Überzeugung stimmt das nicht. Ich glaube, dass er ein Ort ist, an dem wunderbare Demut herrscht. Das Komische ist, dass ich mich auf diesen Aspekt des Himmels wirklich freue. Ich sehne mich schon nach diesem kristallklaren Bewusstsein davon, welche der Meinungen, Einstellungen, Ideen und Strategien, die ich in meinem Leben verfolgt habe, einfach falsch waren. Niemand wird stolz sein oder prahlen. Wir alle werden feststellen, wie sehr wir uns in manchem geirrt haben und wie freundlich Gott zu uns war.

Ich kann mir vorstellen, dass einer sagt: „Ehrlich, ich bin der Unwürdigste von allen hier."

Dann wird jemand antworten: „Nein, mein Freund. Ich brauchte mehr Gnade, um hier zu sein. Du musst meine Geschichte hören."

Und wir werden sagen: „Nichts für ungut, König David, aber wir kennen deine Geschichte. Jemand anderes soll seine erzählen." (Natürlich darf er seine Geschichte später auch noch erzählen).

Am Ende werden wir alle der Meinung sein, dass wir auf der alten Erde keine Ahnung hatten, wie unverdient diese Gnade wirklich war. Wir nannten es Gnade, glaubten aber nicht, dass es ausschließlich Gnade war. Wir dachten, wir hätten doch ein klein wenig Gutes zu der Gnade hinzugefügt. Wir glaubten, dass wir diese Gnade ein wenig verdient hätten. Zu unserer Schande werden wir erkennen müssen, dass wir bis zu einem bestimmten Grad unserem Intellekt, unserer Moral, der Richtigkeit unserer Lehre und unseren religiösen frommen Leistungen vertraut haben, obwohl es die ganze Zeit reine Gnade gewesen war.

Denn aus Gnade seid ihr gerettet durch Glauben, und das nicht aus euch, Gottes Gabe ist es; nicht aus Werken, damit niemand sich rühme.

EPHESER 2,8–9

Jeder von uns wird sich für eine Menge zu entschuldigen haben. Ich schätze, dass die ersten zehntausend Jahre im Himmel damit ausgefüllt sein werden, dass die erlösten Kinder Gottes sich untereinander dafür entschuldigen, wie sehr sie sich gegenseitig verurteilt haben, um Posten

> Manche Menschen stellen sich den Himmel vielleicht als einen Ort vor, wo alle Menschen, die Recht hatten, ein Fest feiern, dass sie es geschafft haben. Aber nach meiner Überzeugung stimmt das nicht.

gekämpft haben, stolz waren, Streit verursacht haben und hochmütig waren. (Das ist nur eine Schätzung. Es könnte auch zwanzigtausend Jahre dauern).

Ich stelle mir vor, wie Paulus sich bei Barnabas entschuldigt, weil er wegen Markus das Team entzweit hatte, und wie er vor Markus zugibt, dass er ihm eine weitere Chance hätte einräumen sollen. Und dann werden alle Christen des ersten Jahrhunderts aus Korinth Paulus sagen, wie leid es ihnen tut, dass sie ihm so viele Probleme bereitet haben.

Gemeindemitglieder, die sich wegen dummer Dinge wie Orgelmusik gestritten haben, werden zusammenkommen und einander umarmen. Die Baptisten und die Presbyterianer werden zusammenkommen, und die einen werden vor den anderen bekennen, dass sie bezüglich der Taufe im Unrecht waren. Und dann werden diejenigen, die Recht hatten, sich für ihren Stolz und die abfälligen Bemerkungen entschuldigen. Und dann wird es keine Gruppen mehr geben und alles wird vergessen sein.

Natürlich werden wir alle glücklich sein und einander gern vergeben. Und wir werden immer wieder sagen: „Gott hat alles zum Guten gebraucht. Wir haben es damals nicht erkannt, aber er handelte sogar in unserer Schwachheit und trotz unserer Sünde."

Die Wahrheit wird für immer bestätigt

In der Ewigkeit werden wir erkennen, wie dumm die Selbstgerechtigkeit und der Streit über unwesentliche

Dinge war. Wir werden aber auch mit aller Deutlichkeit erkennen, wie wichtig die wesentlichen Themen sind. Wir werden begreifen, wie kostbar die Wahrheiten des Evangeliums wirklich sind.

Wir werden uns in die Augen schauen und unaufhörlich sagen: „Alles war wahr! Es war wirklich alles wahr!" Jedes Wort. Jedes Versprechen.

Wir werden erkennen, dass das Kreuz den Tod und die Hölle wirklich besiegt und unsere Sünden hinweggenommen hat. Wir sehen die ewige Belohnung für den Glauben an Jesus und die ewige Hölle für diejenigen, die ihn abgelehnt haben. Wir werden auf unser Leben zurückblicken und erkennen, dass Gott uns niemals verlassen hat. Nicht einmal für einen Sekundenbruchteil. Und dass er jeden Morgen bei uns war – ja, sogar in den dunkelsten Momenten der Verzweiflung und der scheinbaren Hoffnungslosigkeit. Wir werden – mehr, als wir es uns jetzt vorstellen können – begreifen, dass Gott alle Dinge zu unserem Guten mitwirken ließ. Und wir werden sehen, dass Jesus, so wie er es sagte, für uns eine Stätte bereitet hat.

Und alles, was wir um Jesu willen getan haben, wird es wert gewesen sein. Jedes Mal, wenn wir für die Wahrheit eingetreten sind und uns lächerlich gemacht haben. Jedes Mal, wenn wir das Evangelium bezeugt haben. Immer, wenn wir anderen gedient haben. Jedes Opfer, das wir gebracht haben.

Wir werden Männer und Frauen aus jeder Nation treffen, die ihr Leben für das Evangelium gegeben haben – Märtyrer, die lieber starben, als die unveränderlichen Glaubenswahrheiten zu verleugnen. Wir werden

Menschen treffen, die ihr Heim und ihre Familie verloren haben und deren Körper geschlagen, gefoltert und verbrannt wurden, weil sie sich weigerten, Jesus abzuschwören. Und wir werden sie ehren und erkennen, dass alles, was sie verloren und wofür sie gelitten haben, nichts war im Vergleich zu dem, was sie gewonnen haben.

An diesem Tag wird keiner sagen: „Ich wünschte, ich hätte weniger geglaubt. Ich wünschte, ich hätte mich weniger um die Ehre Jesu Christi gekümmert. Ich wünschte, ich hätte mich weniger für das Evangelium eingesetzt."

Bis dahin sollten wir an unserem Glauben mit Barmherzigkeit und Freundlichkeit festhalten, sodass wir im Himmel nicht beschämt werden.

In jedem Fall treu bleiben

Ich kann mir vorstellen, wie jemand sagt: „Okay, demütige Rechtgläubigkeit hört sich gut an. Ich werde im Himmel bestimmt zurückblicken und mir wünschen, dass ich in meinem Glauben demütiger gewesen wäre und in meiner Demut mehr Rechtgläubigkeit gehabt hätte. Aber wenn ich jetzt so zu leben versuche, werden die Menschen das bemerken? Wird es den Leuten helfen, die Botschaft des Evangeliums besser anzunehmen? Wird es die Sache Christi vorantreiben? Funktioniert demütige Rechtgläubigkeit denn wirklich?"

Ich würde sagen, die Antwort lautet: Ja und Nein.

Ja insofern, als der Heilige Geist ein Leben voller Mitgefühl und Demut gebrauchen kann, um Menschen zu

Gott zu führen. Unser Verhalten kann „die Lehre unseres Heiland-Gottes in allem zieren" (Titus 2,10).

Aber die Antwort ist auch Nein. Paulus schrieb an Timotheus am Ende seines Lebens aus dem Gefängnis. Er war von den meisten seiner Freunde verlassen worden. Er stand kurz vor seiner Hinrichtung. Offensichtlich hatte seine eigene Demut seine Gegner nicht davon abgehalten, ihn zu Tode zu hetzen. Das bedeutet, dass demütige Rechtgläubigkeit nicht funktioniert, wenn unser Ziel die Anerkennung und Bewunderung dieser Welt ist.

> An diesem Tag wird keiner sagen: „Ich wünschte, ich hätte weniger geglaubt. Ich wünschte, ich hätte mich weniger für das Evangelium eingesetzt."

Das Evangelium wird für Sünder immer ein Stein des Anstoßes bleiben. Menschen werden Irrlehrern nachfolgen, egal, wie demütig und freundlich wir sind. Im Grunde genommen sind es nicht die Äußerlichkeiten, die die Welt ablehnt. Sündige Menschen hassen das Evangelium an sich. Irrlehrer werden nach wie vor Erfolg haben und Anhänger finden. Und sie werden zu allem Überfluss mehr geliebt als wir.

Aber das ist nicht der Punkt. Demütige Rechtgläubigkeit ist keine Methode, um Anhänger zu gewinnen. Nicht deswegen ist sie wichtig.

Demütige Rechtgläubigkeit ist wichtig, weil Gottes Wahrheit wichtig ist und sie uns verändern will. Wir müssen bereit sein, für die Wahrheit Gottes zu leiden, und dennoch freundlich und mitfühlend sein. Wir müssen demütig bleiben, auch wenn der Kampf für die Wahrheit verloren zu sein scheint. Gott hat uns nicht aufgetragen zu gewinnen. Er hat uns gesagt, dass wir ihm vertrauen und uns so verhalten sollen, wie er es uns gelehrt hat. Auf diese Weise bekommen wir seine Anerkennung.

Man wird uns ablehnen, weil wir das stellvertretende Sühneopfer und Gottes Zorn über die Sünde predigen. Wir werden lieblos und unfreundlich erscheinen, wenn wir über Gottes Plan für die Ehe als Bund zwischen einem Mann und einer Frau sprechen. Man wird uns nicht für „cool" halten, sondern für lächerlich, altmodisch, intolerant und politisch unkorrekt.

> Demütige Rechtgläubigkeit ist wichtig, weil Gottes Wahrheit wichtig ist und sie uns verändern will.

Deshalb müssen wir uns die Frage stellen: Was werden wir tun, wenn wir merken, dass wir die Achtung unserer Umwelt verlieren und sehen, wie Irrlehrer an Boden gewinnen? Werden wir bitter, zornig und rachsüchtig? Oder werden wir wie Jesus und Paulus weiterhin unsere Feinde lieben, auch wenn wir leiden müssen? Werden wir weiterhin beten? Werden wir weiter hoffen, dass Gott anderen Menschen Erkenntnis schenkt?

Wir sollten anderen mit der biblischen Wahrheit nicht auf die Nerven gehen. Wir dürfen nicht vergessen, dass Jesus uns Gnade erwies, als wir noch seine Feinde waren. Wir können demütige Rechtgläubigkeit zeigen, weil wir in Christus eine neue Identität gefunden haben. Wir sind nicht die, die Recht haben, sondern diejenigen, die erlöst worden sind.

Arbeitsmaterial
für Einzel- oder Gruppenarbeit

··

Kapitel 1
Ihr Verhalten ist wichtig

Manche Menschen haben zwar eine große Liebe zur biblischen Lehre, sind aber trotzdem bösartig, streitlustig und überheblich. Andere wiederum sind liebenswert und friedfertig, glauben jedoch, dass sie das Recht haben zu entscheiden, welche historischen Elemente der christlichen Lehren sie annehmen wollen. Aber was ist, wenn Gott möchte, dass wir auf die biblischen Wahrheiten achten *und* andere Menschen liebevoll und freundlich behandeln? Tatsache ist, das *ist* sein Wille. Und das nennt man *demütige Rechtgläubigkeit.* Gott befähigt uns durch den Heiligen Geist und sein Wort, sowohl demütig zu sein als auch am rechten Glauben festzuhalten.

Fragen

1. Was ist Ihre erste Reaktion wenn jemand das Wort „Rechtgläubigkeit" benutzt? Welche bisherigen Erfahrungen haben Ihre Reaktion auf diesen Ausdruck und das Konzept vom rechten Glauben über Gott beeinflusst?

2. Was ist Ihre erste Reaktion auf das Konzept der demütigen Rechtgläubigkeit? Welche Bedeutung hat dieses Thema auf Ihr Leben heute?

3. Die nachfolgenden Kästchen sind eine sehr vereinfachte Darstellung. Dennoch: Welche Menschen oder Ereignisse fallen Ihnen dazu ein? Welches Kästchen beschreibt Ihre eigene Haltung am besten? Warum?

1 Hochmütige Irrlehre (Schlechte Lehre, schlechtes Verhalten)	2 Hochmütige Rechtgläubigkeit (gute Lehre, schlechtes Verhalten)
3 Demütige Irrlehre (schlechte Lehre, gutes Verhalten)	4 Demütige Rechtgläubigkeit (gute Lehre, gutes Verhalten)

4. Lesen Sie in der Bibel sorgfältig alle vier Kapitel des 2. Timotheusbriefes. Achten Sie auf Aussagen des Apostels Paulus dazu, dass a) Rechtgläubigkeit wich-

tig ist, und dazu, dass b) Demut wichtig ist. Wenn Sie möchten, können Sie die Aussagen in unterschiedlichen Farben markieren. Welche Aussagen bewegen Sie am meisten?

5. Der Apostel Paulus bezeichnet die Wahrheit über Gott als ein „schönes anvertrautes Gut" (2. Timotheus 1,14). Trotzdem behandeln manche Menschen die Theologie wie eine Art Knetmasse – sie glauben, sie haben die Freiheit, ihren Glauben nach ihren Vorstellungen und Wünschen zu formen.
Welche Gefahren sehen Sie in dem Konzept mit der „Knetmasse"?

6. In welchen „Wortstreit", in welches „unheilige leere Geschwätz" oder in welche „törichte und ungereimte Streitfragen" können sich Christen heutzutage verfangen (2. Timotheus 2,14.16.23)? Welche Auswirkung hat dieses arrogante und unfreundliche Verhalten auf andere?

7. Haben Sie noch Fragen oder Bedenken bezüglich der Aussage von Michael Kruger, dass man „einen festen Standpunkt haben und gleichzeitig demütig sein kann"?

Gebet
Bitten Sie Gott, dass Sie erkennen, wie wichtig es ist, in unserer gefallenen Welt seine Wahrheit treu zu bezeugen.

Bitten Sie besonders darum, dass er Ihnen zeigt, wo Sie die demütige Rechtgläubigkeit am meisten brauchen.

Aufgabe

Kennen Sie Menschen, denen die biblische Lehre gleichgültig ist? Überlegen Sie im Blick auf jeden Einzelnen, auf welche besondere Art und Weise Sie ihn in seinem Leben positiv beeinflussen können, wenn Sie das nächste Mal über das Thema „Rechtgläubigkeit" sprechen.

Kapitel 2
Mit einem weinenden Auge

Wie töricht und hochmütig erscheint doch die Rechtgläubigkeit im Licht unserer Sünde und unserer Erlösung durch Christus aus reiner Gnade! Wir verteidigen Gottes Wahrheit, nicht unsere. Daher geht es nicht um unser eigenes armseliges kleines Königreich, sondern wir verherrlichen Gottes Reich. Nur wenn wir nicht vergessen, dass wir selbst Sünder sind, denen vergeben wurde, können wir in Liebe und Demut anderen dabei helfen, Gott besser kennenzulernen.

Fragen

1. Lesen Sie noch einmal das von Josh umgeschriebene Gleichnis am Anfang von Kapitel 2. Mit welchem der zwei Männer können Sie sich besser identifizieren und

warum? Wenn Sie sich eher mit dem selbstgefälligen Mann vergleichen, der zwar ein tiefes theologisches Wissen hat, aber selbstgerecht ist, wo müssen Sie dann besonders Buße tun?

2. Josh sagt: „Wenn wir die Lehre von der Gnade im Evangelium wirklich verstehen, dann laufen wir nicht durch die Gegend und überprüfen, ob andere ‚zu uns‘ gehören oder nicht. Wir sagen dann mit Tränen der Dankbarkeit: ‚Warum hat Gott mich überhaupt erwählt?‘"

   Denken Sie einmal an die Sünden, die Gott Ihnen in Christus vergeben hat, an den Zorn, vor dem Sie gerettet wurden, und den Segen, der Ihnen zuteil wurde. Wenn Sie dieses Arbeitsmaterial mit einer Gruppe durcharbeiten, dann nennen Sie den anderen mindestens eine Sache, für die Sie Gott dankbar sind.

   Was können Sie tun, um sich an dieses Gefühl der Dankbarkeit und Ehrfurcht zu erinnern, wenn Sie versucht sind, jemanden zu verurteilen, der sich von der biblischen Wahrheit entfernt?

3. Lesen Sie Josua 5,13–15, jene eigentümliche, aber einprägsame Geschichte über den Anführer Josua, der den Obersten des Heeres des HERRN traf. Laut Joshua Harris zeigt dieses Ereignis, dass Gott „nicht Teil unseres Plans (ist), sondern wir sind Teil von seinem Plan." Wann haben Sie schon einmal versucht, Gott für Ihre Ziele zu benutzen, anstatt sich ihm zur Verfügung zu stellen? Was würde der Herr antworten, wenn Sie ihn fragen würden: „Was möchtest du mir jetzt sagen?"

4. Wissen kann auf tückische Art unser Ego aufblähen. Daher kann es passieren, dass für uns die Richtigkeit unserer Theologie wichtiger wird als Gott selbst. In dem Moment bleibt die Demut auf der Strecke und Menschen werden verletzt.

   Hat Ihr theologisches Wissen Sie jemals hochmütig gemacht? Wenn ja, dann beschreiben Sie, was passiert ist.

5. Ein Autor beschrieb einst Francis Schaeffer als einen Menschen, der die Kultur mit „einem weinenden Auge" kritisierte. Das ist demütige Rechtgläubigkeit. Man setzt sich für die Wahrheit ein und ist sich bewusst, dass die anderen Menschen genauso sündige Geschöpfe sind und die Gnade des Schöpfers ebenso brauchen wie wir selbst.

   Wann haben Sie in der letzten Zeit über Rechtgläubigkeit gesprochen, ohne dabei eine demütige Haltung zu zeigen? Welchen Unterschied hätte es gemacht, wenn Sie Ihren Glauben mit einem „weinenden Auge" bezeugt hätten?

Gebet

Danken Sie Gott für seine große Gnade. Bitten Sie ihn um Hilfe, dass Sie durch die Botschaft von Jesus Christus diese Gnade mit anderen teilen können.

Aufgabe

Wenn Sie zu anderen Menschen unfreundlich waren, weil sie der Wahrheit Gottes nicht gehorcht haben, dann entschuldigen Sie sich per Brief, E-Mail oder Telefon. Erzählen Sie, wie Gott Ihnen vergeben und Sie angenommen hat.

Kapitel 3
Reue beginnt bei mir

Joshua Harris sagt in Kapitel 3: „Ich sage Ihnen, was meinen Hochmut und meine Selbstgerechtigkeit schneller als alles andere dämpft: der Versuch, nach der Wahrheit zu leben." Andere wegen ihres falschen Glaubens zu kritisieren fällt uns leicht. Weitaus schwieriger jedoch ist es, nach den eigenen Glaubensüberzeugungen zu leben. Aber genau da beginnt demütige Rechtgläubigkeit.

Fragen

1. Als ein überzeugendes Beispiel für demütige Rechtgläubigkeit beschreibt Joshua in Kapitel 3 seinen Freund Justin, der es schafft, gegenüber Kritikern seines Blogs freundlich zu sein.

   Wer ist für Sie ein überzeugendes Beispiel für demütige Rechtgläubigkeit? (Es kann jemand sein, den Sie persönlich kennen oder jemand, von dem Sie gerade etwas gehört oder gelesen haben.)

2. Wie schätzen Sie Ihr Bedürfnis ein, demütige Rechtgläubigkeit auszuleben?

SEHR GROSS: Ich sehne mich danach, Gott zu gehorchen, wenn es darum geht, nach der rechten Lehre zu leben, aber auch darin, anderen Liebe entgegenzubringen.

MITTELMÄSSIG: Seit ich dieses Buch lese, habe ich immer mehr das Gefühl, dass ich in meinem Leben demütige Rechtgläubigkeit brauche.

GERING: Intellektuell erkenne ich, dass demütige Rechtgläubigkeit eine gute Sache ist. Aber es fällt mir schwer, sie selbst auszuüben.

Wenn Ihr Wunsch mittelmäßig oder sogar gering ist, was steht im Weg, dass er groß wird?

3. Lesen Sie die Geschichte von Josia und dem Fund des Gesetzbuches in 2. Könige 22,3–20. Achten Sie besonders auf Vers 11 (Josias Reaktion, als er die Worte des Gesetzbuches hörte) und die Verse 18–19 (was der Herr Josia antwortete). In Bezug auf Josias Reaktion sagt Josh Harris: „Genau diese Demut brauchen wir heute. Rechtgläubigkeit sollte nicht der Name eines Clubs sein, dessen Mitglieder andere angreifen. Der rechte Glaube sollte zuerst unser Herz durchdringen, und indem wir unser Herz vor Gott offenlegen, sagen wir: ‚Vergib *uns*, Herr!'" In unserer Kultur zerreißen wir nicht mehr unsere Kleider zum Zeichen der Reue oder Demut. Gibt es in

Ihrem Leben Zeichen der Reue wegen Ihres Ungehorsams dem Wort Gottes gegenüber?

4. Die folgende Skizze ist eine Art Zeugnis für Sie. Geben Sie sich selbst für die zwei aufgeführten Themen Noten von 1–6. Warum geben Sie sich diese Noten?

Zeugnis für _____	
Fach	Note
Kenntnisse der biblischen Lehre	
Handeln nach der biblischen Lehre	

Welche Aspekte der Glaubenslehre könnten Sie in Ihrem Leben besser umsetzen?

Wenn Sie selbst Schwierigkeiten haben, demütige Rechtgläubigkeit zu praktizieren, sollte es sie davon abhalten, anderen Menschen mit mangelnder Rechtgläubigkeit zu helfen? Warum oder warum nicht?

5. Lesen Sie in 4. Mose 20,1–13, wie Mose Gott ungehorsam war, weil er sich über den Ungehorsam des jüdischen Volkes geärgert hatte. Lesen Sie dann in 5. Mose 34,1–5, was anschließend geschah.

In seinen Ausführungen über diese Passage sagt Josh: „Der springende Punkt ist der: Die Fehler und Sünden anderer Menschen geben mir niemals das Recht, Gottes Wort zu ignorieren. Sogar wenn Menschen sündigen, lästern und die Wahrheit schlechtmachen, habe ich keine Entschuldigung dafür, Gottes Gebote zu ignorieren.

Die Sünden der anderen geben mir nicht das Recht, ebenfalls zu sündigen."

Können Sie sich an ein Ereignis erinnern, wo der Ungehorsam anderer Personen Sie dazu brachte, auch ungehorsam zu sein? Wenn ja, beschreiben Sie es.

6. Josh sagt, dass Leute, die gerade erkannt haben, wie wichtig die rechte Glaubenslehre ist, in einen Käfig eingesperrt werden sollten, weil sie in ihrem Eifer gefährlich werden könnten.

Haben Sie selbst auch schon die „Käfigphase" durchlebt? Wenn ja, erzählen Sie davon. Wie hat sich seitdem Ihr Umgang mit Gottes Wahrheit verändert? Was sind die wichtigsten Lehren über demütige Rechtgläubigkeit, die Sie durch persönliche Erfahrung gelernt haben?

Gebet

Verbringen Sie Zeit mit Gott, und bitten Sie ihn um Vergebung, wenn Sie sich nicht an seine Wahrheit gehalten haben. Bitten Sie ihn um Hilfe, dass Sie nicht auf andere ungehorsame Menschen schauen, sondern selbst gehorsam sind.

Aufgabe

Finden Sie heraus, wie und in welchen Bereichen Sie demütige Rechtgläubigkeit praktisch umsetzen können. Dann handeln Sie!

Kapitel 4
Gottes Anerkennung suchen

Welche Motive stecken hinter unseren Entscheidungen, was wir glauben wollen und wie wir diesen Glauben im Leben praktizieren? Laut Joshs Ausführungen in Kapitel 4 sollte unser Leben nicht Menschen gefallen, sondern Gott – die Anerkennung bei Gott ist die einzige Anerkennung, die zählt. In diesem Leben werden wir nie perfekte Meister der demütigen Rechtgläubigkeit werden. Wir können auch nicht erwarten, dass andere Beifall klatschen, weil wir so leben. Dennoch ist demütige Rechtgläubigkeit der richtige Weg. Genau darum bittet uns Gott. Und weil wir ihm treu sein wollen, tun wir es auch.

Fragen

1. Menschen neigen dazu, ihren Glauben wie einen Modestil zu betrachten, wie ein Kleidungsstück, das sie tragen, oder Musik, die sie sich anhören. Es geht ihnen also eher darum, was sie mögen und was andere von ihnen denken, als darum, Gott die Ehre zu geben.
   Inwiefern haben Sie dieses Konzept vom „schicken Glauben" schon mal erlebt? Beschreiben Sie ein oder zwei Beispiele.

2. Genauso wie heute breitete sich auch zu Paulus' Zeiten eine falsche Glaubenslehre aus. Er spricht zum Beispiel von einer verfälschten Lehre von der Auferstehung, über die Mitglieder einer Gemeinde diskutierten, in

der Timotheus diente (2. Timotheus 2,17–18). Lesen Sie, was genau Paulus zu Timotheus über die Situation sagte:

Dies bringe in Erinnerung, indem du eindringlich vor Gott bezeugst, man solle nicht Wortstreit führen, was zu nichts nütze, sondern zum Verderben der Zuhörer ist. Strebe danach, dich Gott bewährt zur Verfügung zu stellen als einen Arbeiter, der sich nicht zu schämen hat, der das Wort der Wahrheit in gerader Richtung schneidet! Die unheiligen, leeren Geschwätze aber vermeide! Denn sie werden zu weiterer Gottlosigkeit fortschreiten, und ihr Wort wird um sich fressen wie Krebs.

VERSE 14–18

Wenn Sie für den Glauben eingetreten sind, wen haben Sie versucht zu beeindrucken?

3. Was bedeutet es, das Wort der Wahrheit in gerader Richtung zu schneiden? Was bedeutet es, mit dem Wort falsch umzugehen?
Wieso ist es gefährlich, wenn man mit dem Wort der Wahrheit falsch umgeht? Welchen Nutzen bringt es, wenn man richtig damit umgeht?

4. Josh sagt, dass im Himmel niemand prahlen wird. „Wir alle werden feststellen, wie sehr wir uns in manchem geirrt haben und wie freundlich Gott zu uns war." Ebenso glaubt er, dass wir im Himmel unaufhörlich sagen werden: „Alles war wahr! Es war wirklich alles wahr!'

Jedes Wort. Jedes Versprechen." Mit anderen Worten: Im Himmel wird demütige Rechtgläubigkeit für immer präsent sein.

Inwiefern motiviert diese Vision von der Ewigkeit Sie, hier und jetzt demütige Rechtgläubigkeit zu leben?

5. Josh beendet das Buch, indem er uns in das kalte Wasser der Realität wirft. Er sagt, wenn wir uns demütig für Rechtgläubigkeit einsetzen, könnte der Heilige Geist dies dazu benutzen, Menschen zu Gott zu ziehen. Auf der anderen Seite müssen wir damit rechnen, dass viele die rechte Glaubenslehre ablehnen werden, egal, wie demütig wir sind. Denn letztendlich ist das Evangelium selbst für unerlöste Menschen ein Anstoß und nicht die Art und Weise, wie wir es bezeugen. Daher sollten wir uns treu für demütige Rechtgläubigkeit einsetzen; nicht wegen der gewünschten Resultate, sondern einfach weil es richtig ist und weil Gott uns darum bittet.

Wie haben Menschen, denen Rechtgläubigkeit nicht am Herzen liegt, reagiert, als Sie sich demütig für die Rechtgläubigkeit eingesetzt haben? Was löste diese Reaktion in Ihnen aus?

6. Inwiefern werden Sie, nachdem Sie dieses Buch gelesen haben, anders handeln?

Gebet

Bitten Sie Gott, Ihnen dabei zu helfen, heute – im Licht der Ewigkeit – ein Leben voller Treue und mit einem demütigen Herzen zu führen. Loben Sie Gottes Größe und Gnade, denn bei der demütigen Rechtgläubigkeit geht es letztendlich nur um ihn.

Aufgabe

Überlegen Sie, welchen Glaubensgeschwistern Sie von der Botschaft dieses Buches über demütige Rechtgläubigkeit erzählen könnten. Wählen Sie dafür den richtigen Zeitpunkt, damit Sie Teil einer Bewegung werden, die dem Evangelium in der Gemeinde wieder liebevolle Glaubwürdigkeit verleiht.

Dank

Ich möchte all jenen danken, die dieses Buch möglich gemacht haben.

Der Begriff „demütige Rechtgläubigkeit" wurde ursprünglich von meinem Freund Eric Simmons geprägt. Er ist Pastor an der *Redeemer Church* in Arlington, Virginia. Er hat mich ermutigt, über dieses Thema zu predigen, was dann zu diesem Buch geführt hat.

Nachdem ich über demütige Rechtgläubigkeit gepredigt hatte, ermunterte mich John Piper, ein Büchlein über dieses Thema zu schreiben. Aber ich folgte seinem Rat nicht sofort. Ich schrieb stattdessen ein umfangreicheres Buch mit dem Titel *Dug Down Deep* mit einem Schlusskapitel über „demütige Rechtgläubigkeit". (Ich glaube, die Lektion hierbei war: Man sollte sich von vornherein an den Rat von John Piper halten.)

Als *Dug Down Deep* veröffentlicht wurde, sagten mir viele Leser, dass ihnen das Kapitel über demütige Rechtgläubigkeit am besten gefallen habe und dass dieses es wert wäre, daraus ein eigenes Buch zu machen. Insbesondere ein Leser bat mich, daraus ein kleines Büchlein zu machen, über das man gut mit anderen sprechen könnte.

Dieses Projekt konnte nur mit der Hilfe und Mitarbeit von Eric Stanford fertiggestellt werden. Er ist ein begabter Autor, der bereit war, den Inhalt meiner Predigten und das ursprüngliche Kapitel aus dem Buch *Dug Down Deep* so zu bearbeiten und miteinander zu verflechten, dass daraus ein völlig neues Buch entstand. Er schrieb auch die Studienanleitung. Ich bin dankbar für seine hervorragende Arbeit und für seine Auseinandersetzung mit dem Thema.

Und wie meine bisherigen vier Bücher stand dieses Projekt unter der Leitung meines Freundes und Verlegers David Kopp. Mein Dank gilt ihm, Ken Petersen und dem Team von WaterBrook Multnomah für ihre unermüdliche Unterstützung und Begeisterung für diese Botschaft.

Ich widme dieses Buch meinem Freund, dem Pastor Robin Boisvert. Obgleich er viel älter und in seiner seelsorgerlichen Tätigkeit wesentlich erfahrener ist, hat er mich unterstützt, als ich lernte, unsere Gemeinde zu leiten, und mich ermutigt, mein theologisches Denken zu schärfen. Er ist ein Vorbild für den guten Kampf des Glaubens und für sein geistliches Amt, das er mit Ausdauer und Geduld ausführt. Danke, Robin.

Soli Deo gloria.

Alexander Strauch
Platz ist in der kleinsten Hütte
Vom Segen der Gastfreundschaft

Gastfreundschaft ist ein entscheidender Faktor, wenn es darum geht, die Gemeinschaft innerhalb einer Gemeinde zu stärken. Darüber hinaus bietet sie eine wunderbare Möglichkeit für persönliche Evangelisation. Denn wo könnte man besser auf natürliche Weise mit Nachbarn oder Arbeitskollegen ins Gespräch über den Glauben kommen als im privaten Umfeld?

Alexander Strauch betrachtet die Stellen der Bibel, in denen Gläubige dazu aufgefordert werden, gastfrei zu sein, und gibt Beispiele für Möglichkeiten der praktizierten Gastfreundschaft.

Ein Buch, das motiviert, das eigene Haus zu öffnen und so die Herzen von anderen Menschen zu erreichen.

Gebunden, 112 Seiten
Best.-Nr. 271.122
ISBN 978-3-86353-122-5

Alexander Strauch
Mit Liebe leiten

Dieses Buch gibt allen, die andere Menschen leiten und führen ein klares Verständnis darüber, was die Bibel über die Liebe lehrt. Das zu verstehen, ist für Leitungsaufgaben – in der Gemeinde oder Familie – von großer Wichtigkeit. Dadurch wird ... – die Beziehungsfähigkeit deutlich verbessert – die Wirksamkeit im Dienst gesteigert - das Entstehen sinnloser Konflikte vermieden – das Evangelium gefördert. Wenn Sie Menschen leiten oder unterrichten – ob als Sonntagsschullehrer, Jugendmitarbeiter, in der Frauen- oder Männerarbeit, beim Bibelstudium, im Gemeindechor, als Ältester, Diakon, Pastor, Missionar oder Evangelist –, wird dieses Buch Ihnen helfen, Ihren Dienst mit noch mehr Liebe auszuüben.

Gebunden, 256 Seiten
Best.-Nr. 273.563
ISBN 978-3-89436-563-9